Barbara Peters

Theater spielen in der Weihnachtszeit

Neue Stücke für die Grundschule

Materialien für den Unterricht

Hase und Igel®

www.hase-und-igel.de
Lektorat: Patrik Eis, Elena Andrae
Layout: Claudia Trinks
Illustrationen: Sabine Scholbeck (Signets), Barbara Peters (Fotos)
Druck: Köppl und Schönfelder GmbH, Augsburg

ISBN 978-3-86760-831-2

Vorwort

Warum spielen wir Theater?

Theater spielen kann wesentlich zur Persönlichkeitsentfaltung eines Kindes beitragen.

Kinder schlüpfen mit Begeisterung in fremde Rollen und lernen dabei spielerisch, sich in andere Personen hineinzuversetzen. Oft können auch schüchterne Kinder im Schutz einer Rolle und eines Kostüms plötzlich aus sich herausgehen. Wichtige Schlüsselqualifikationen, wie Kommunikations- und Teamfähigkeit, werden in der Theaterarbeit dadurch vermittelt, dass die Kinder sowohl einzeln als auch gemeinsam sprachlich und körperlich agieren. Die Schüler verlieren so ihre Scheu davor, in einer größeren Runde zu sprechen.

Ein großer Vorteil der Theaterarbeit liegt außerdem in der Ausbildung von Fertigkeiten im rhetorischen Bereich. Beim Auswendiglernen der Theatertexte, besonders beim Lernen von Gedichten, wird das Gespür der Kinder für den Klang und den Rhythmus unserer Sprache geschärft und sie werden so für die Auseinandersetzung mit dramaturgischen Texten sensibilisiert.

Ein weiterer Nutzen der Theaterarbeit liegt in der Stärkung des Selbstbewusstseins einer Gruppe. Denn eine Gemeinschaft, die Theater spielt, kann das Rollengefüge aufbrechen, das sich im Schulalltag im Klassenverband gebildet hat. Während der gemeinsamen Probenarbeit sammeln die Kinder wichtige Erfahrungen für den Umgang miteinander und schulen so ihre Sozialkompetenz. Sie lernen aufeinander zu hören, einander zu respektieren und gemeinsam ein Ziel zu erreichen. Die Erfahrung zeigt, dass diejenigen Kinder, die einmal erfolgreich in einem Theaterstück auf der Bühne standen, selbstbewusster und sicherer werden.

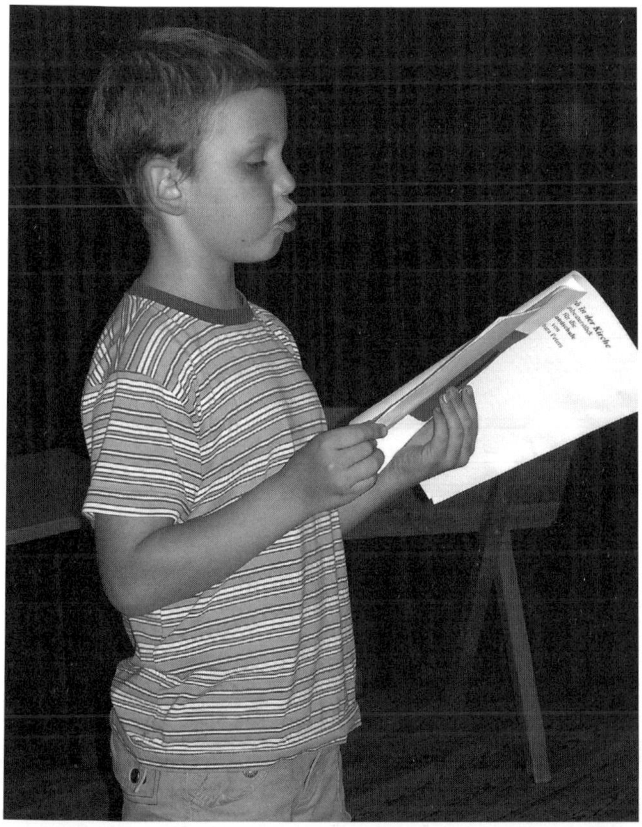

Da beim Einstudieren eines Theaterstücks, das am Ende der Probenzeit den Eltern und Freunden vorgeführt werden soll, sehr viel zu bedenken und zu organisieren ist und es auf jedes kleine Rädchen im Getriebe ankommt, erfahren die Kinder, dass jeder Einzelne von ihnen für das Gelingen des großen Ganzen von immenser Bedeutung ist. Jeder fühlt sich verantwortlich für den Erfolg. Die gelungene Aufführung eines Theaterstücks, für das alle hart geprobt und gearbeitet haben, schweißt Schüler und Lehrer zusammen.

Theater spielen in der Weihnachtszeit

Die Vorweihnachtszeit mit ihren vielen kleinen Weihnachtsfeiern in Schulaulen und Klassenzimmern ist traditionell die Zeit der Theateraufführungen. Die Tage werden dunkler und Aktivitäten im Freien immer seltener. In den großen Theatern stehen die Weihnachtsmärchen auf den Spielplänen und in den Kirchengemeinden studieren Kinder- und Jugendgruppen Theaterstücke für die Adventsgottesdienste ein. Großeltern und Eltern besuchen mit ihrem Nachwuchs gerne solche Aufführungen. Jede Weihnachtsfeier erhält durch die Darbietung eines Theaterstücks, und sei es auch nur kurz, einen ganz besonderen Glanz. Laden Sie also Eltern und Geschwister Ihrer Schüler zu einem Adventsnachmittag in die Schule ein, an dem nicht nur gebastelt, Kakao getrunken und Weihnachtsgebäck geknabbert wird, sondern an dem Ihre Schüler ein weihnachtliches Theaterstück präsentieren.

Die Weihnachtszeit wird heute zunehmend von Hektik und Konsumdenken beherrscht. Wenn Sie mit Ihrer Klasse ein Theaterstück einstudieren, das die besinnliche Seite von Weihnachten beleuchtet, erfahren und erleben Ihre Schüler ein wenig vom ursprünglichen weihnachtlichen Zauber.

Aufbau des Materials

Das vorliegende Material beinhaltet einen ausführlichen Eingangsteil „Einstimmen, Aufwärmen, Improvisieren“ mit einer Vielzahl von Anregungen und Ideen für die theaterpädagogische Arbeit, die ich in meiner langjährigen

Theaterarbeit mit Kindern und Jugendlichen zusammengetragen und erprobt habe. Von Aufwärmübungen für die Stimme und den Körper über Möglichkeiten, Gedächtnis, Kreativität und Spontaneität zu trainieren, bis hin zu Improvisationsübungen finden Sie eine große Auswahl an Spielen und Vorschlägen.

Im zweiten Teil dieses Bandes finden Sie vier Weihnachtstheaterstücke. Zu jedem Stück gehören neben einer übersichtlichen Auflistung aller Rollen eine genaue Beschreibung der benötigten Requisiten und Kostüme, Tipps und Ideen zur Erstellung eines Bühnenbilds sowie ein gut strukturierter Rollentext, den Sie kopieren und an Ihre Schüler verteilen können.

Den Abschluss des Buches bilden verschiedene Anregungen für eine Weihnachtsrevue, die Sie auf Ihre Gruppe zuschneiden können.

Die Theaterstücke

Sonja im Schneemannland

(30 Minuten, ca. 10–20 Schauspieler, bühnentechnisch etwas aufwendiger)
Sonja ist sehr traurig, weil der schöne Schneemann, den sie gebaut hat, langsam aber sicher schmilzt. Opa tröstet Sonja, indem er ihr von dem wunderbaren Land erzählt, in das ihr Schneemann kommt, wenn er vollständig geschmolzen ist. Beruhigt schläft das Mädchen ein. Im Traum besucht sie das fremde, eisige Schneemannland und trifft dort viele urige Schneemänner, Schneefrauen und Schneekinder.

Weihnachten beim Maulwurf

(45 Minuten, ca. 20–30 Personen)
Dass Traditionen und Rituale nicht langweilig, sondern beruhigend, gemütlich oder einfach nur schön sein können, lernt der unzufriedene Wichtel Franz in diesem Weihnachtstheaterstück. Franz hat keine Lust, mit seiner Frau Weihnachten genauso wie jedes Jahr zu feiern. Er will etwas Neues und Spannendes erleben. Schließlich lädt ihn der Maulwurf zu sich nach Hause ein, aber das Weihnachtsfest beim Maulwurf erweist sich als große Enttäuschung für Franz. Reumütig kehrt er zu seiner lieben Frau und der gewohnten, traditionellen Weihnachtsfeier zurück.

Verflixt fröhliche Weihnachten

(50 Minuten, ca. 20–30 Personen)
Dieses Theaterstück greift die Hektik und das Konsumdenken auf, die heutzutage besonders zur Weihnachtszeit herrschen. Eine Familie befindet sich im totalen Weihnachtsvorbereitungsstress. Als die Bescherung schließlich doch noch stattfinden kann, führen die vielen Elektrogeräte auf dem Gabentisch zu einem Kurzschluss und die Familie sitzt im Dunkeln. Nur Oma bleibt ruhig und am Ende finden sich alle bei Kerzenschein zusammen, hören die Weihnachtsgeschichte aus der Bibel und fassen gute Vorsätze für die nächste Zeit.

Der Dieb in der Kirche

(20 Minuten, ca. 20–30 Schauspieler)
Die Putzfrau, die nach Weihnachten den Altarraum säubern will, sieht gerade noch, wie ein Junge mit seinem Roller die Kirche verlässt. Als sie wenig später feststellt, dass das Jesuskind aus der Krippe verschwunden ist, weiß sie sofort Bescheid: Der Junge mit dem Roller muss der Dieb sein. Nach und nach füllt sich die Kirche mit Schaulustigen. Und alle wissen, ohne auch nur das Geringste gesehen zu haben, wer der Dieb ist. Die Aufregung ist groß und die Auflösung am Ende umso verblüffender.

Weihnachtsrevues

Eine ganz andere Art, ein winterlich-weihnachtliches Programm auf die Bühne zu bringen, ist die Revue. In einer Revue verbinden sich Musik- und Wortbeiträge zu einer Gesamtdarbietung, die keinen durchgehenden Handlungsstrang aufweist. Oft bietet es sich außerdem an, dass ein Moderator durch das Programm führt. Der große Vorteil beim Einstudieren einer solchen Revue ist, dass sie sich zu jedem beliebigen Thema zusammenstellen lässt und alle Schüler an der Gestaltung beteiligt sind. Sie können Gedichte aus den verschiedensten Epochen verwenden, die Sie in Gedichtsammlungen und Lesebüchern finden. Treffen Sie eine Auswahl, die Ihnen zur Gestaltung einer Revue passend erscheint, und lassen Sie Ihre Schüler in den Vorschlägen stöbern und sich ihre Lieblingsgedichte zum Vortragen heraussuchen.

In diesem Band finden Sie zwei ausführliche Vorschläge, wie sich aus Gedichten und Spielszenen eine Revue zu einem bestimmten Thema zusammenstellen lässt und wie Sie die einzelnen Gedichtvorträge durch eine lockere Rahmenhandlung miteinander verknüpfen können (siehe

Seite 100–119). Auf Seite 120 finden Sie zwei weitere Revuevorschläge in Kurzform.

Probenablauf

Meist ist es sehr hilfreich, die Theaterproben nach einem festgelegten Schema zu strukturieren. Die Schüler genießen vertraute Rituale und beginnen oft schon nach wenigen Probenterminen selbstständig mit den Aufwärmübungen.

Je nachdem, wie viel Zeit Ihnen für die Theaterarbeit zur Verfügung steht, können Sie den vorbereitenden Übungen mehr oder weniger Raum geben. Führen Sie zu Beginn jeder Probe je eine Übung für die Stimme, den Körper und den Kopf mit den Kindern durch. In der Regel konzentrieren sich die kleinen Schauspieler danach sehr gut auf das zu probende Theaterstück. Erfahrungsgemäß haben die Schüler viel Freude daran, selbstständig kleinere Szenen zu improvisieren und zu entwickeln. Versuchen Sie, mit der Probenarbeit jeweils so rechtzeitig fertig zu sein, dass Ihnen am Ende jeder Probe noch ein wenig Zeit für das Improvisieren bleibt. Das Improvisieren ist sozusagen ein Bonbon, die Belohnung nach harter Arbeit.

Reservieren Sie für die Theaterproben jeweils eine Doppelstunde, denn nur wenn Ihnen genügend Zeit zur Verfügung steht, wird die Aufteilung Aufwärmen – Theaterstück spielen – Improvisieren rund und stimmig.

So kann eine Probe aussehen:

Für die Stimme, ca. 10 Minuten:
1) Singen eines Liedes
2) Korkenspiel: Meine Großmutter ist krank (Seite 10)

Für den Körper, ca. 10 Minuten:
3) Einzelübung: Verschiedene Gangarten (Seite 11)
4) Gruppenübung: Hier kommen wir! (Seite 14)

Für den Kopf, ca. 10 Minuten:
5) Gruppenübung: Meine Tante aus Amerika (Seite 17)

6) Theaterprobe, ca. 45 Minuten: proben, spielen, lesen …

7) Improvisieren, ca. 20 Minuten

Diese Probenstruktur wird sich zugunsten der Arbeit am Theaterstück verändern, je näher der Aufführungstermin rückt. Sollten Sie in der Endphase der Proben unter Zeitdruck geraten, ist es sinnvoller, auf die Improvisationsübungen als auf das Aufwärmen zu verzichten.

Wenn Sie bereits häufiger mit Ihren Schülern Theaterstücke einstudiert und aufgeführt haben, werden Sie vielleicht manche der vorbereitenden Übungen in diesem Buch nicht mehr benötigen. Vermutlich werden Sie ein Theaterstück auswählen und sofort mit der Arbeit daran beginnen. Sollten Sie jedoch ein Neuling auf dem Gebiet des Theaterspielens sein, so werden Ihnen die Vorschläge sicher eine Hilfe sein.

Und nun: Tauchen Sie mit Ihren Schülern in die spannende, schillernde Welt des Theaters ein.

Viel Spaß dabei!

Barbara Peters

Inhalt

Vorwort

Einstimmen, Aufwärmen, Improvisieren

Inhalt

Einstimmen, Aufwärmen, Improvisieren

Die Reaktionen auf die verschiedenen Spiele werden je nach Gruppen- oder Klassenzusammensetzung sehr unterschiedlich ausfallen. Probieren Sie aus, von was sich Ihre Schüler begeistern und gefangen nehmen lassen und was ihnen weniger zusagt. Stellen Sie den Kindern verschiedene Möglichkeiten vor und wählen Sie dann als immer wiederkehrende Einstimmung zu Beginn Ihrer Theaterproben die Spiele und Übungen aus, die Ihrer Gruppe besonders viel Spaß machen.

Optimal ist es, wenn Sie mit Ihrer Gruppe in einem großen Saal oder in einer Turnhalle mit einer richtigen Bühne, Vorhang und Lichtanlage proben können. Daher werden Sie besonders bei den Aufwärmübungen für den Körper einige Spiele finden, für die Platz benötigt wird. Es stehen jedoch genügend Übungen zur Verfügung, die sich auch in der relativen Enge eines Klassenzimmers durchführen lassen.

Einstimmen der Stimme

Ein wichtiges Instrument jedes Schauspielers und jeder Schauspielerin ist die Stimme. Wenn die Kinder auf der Bühne stehen, sollen sie flüstern und schreien, kichern, lachen und weinen. Sie sollen Lautstärke, Stimmlage und Ausdruck ihrer Stimmen variieren können, ohne sich innerhalb weniger Minuten heiser zu schreien. Es ist daher sinnvoll, jede Probe mit vorbereitenden Übungen für die Stimme zu beginnen. Ähnlich wie sich Sänger und Sängerinnen einsingen, ehe sie mit den eigentlichen Proben beginnen, sprechen sich die Kinder ein, ehe sie mit der Arbeit auf der Bühne anfangen. Im Folgenden finden Sie einige Aufwärmübungen für die Stimme, die Sie mit Ihrer Klasse ausprobieren können. Schnell werden Sie feststellen, bei welchen Übungen die Schüler mit Begeisterung mitmachen und welche sie eher langweilig finden.

Das gemeinsame Singen eines Liedes im Anschluss an die ersten Übungen für die Stimme ist eine weitere Möglichkeit, die Stimmen der Kinder auf die Theaterarbeit vorzubereiten.

Gähnen, Seufzen, Summen, Pferdeschnauben

Sozialform: Gruppenübung
Dauer: ca. 5 min
Ziel: Stimmbildung

Alle Schauspieler stehen im Kreis, haben die Arme vor der Brust verschränkt und schließen die Augen. Kein Geräusch ist mehr zu hören. Auf Ihre Anweisung hin lassen alle langsam die Arme sinken und öffnen die Augen. Gemeinsam gähnen alle herzhaft. Wiederholen Sie diese Übung mehrfach, das entspannt die Stimmbänder.

Dann stellen sich alle vor, dass sie ganz unsagbar traurig sind, und seufzen immer wieder nach Herzenslust. Dabei beginnt der Seufzer oben im Kopf und gleitet langsam und ohne Anstrengung immer tiefer. Das Seufzen gelingt viel besser, wenn man sich eine wirklich traurige Situation vorstellt und dann darüber seufzt. Der Reihe nach sagt jeder laut, was ihn gerade so furchtbar traurig macht. Der Rest der Gruppe antwortet mit einem mitleidigen „Ach, du Arme(r)!“ und einem langen Seufzer.

Die Gruppe beginnt leise zu summen. Der Mund ist locker geschlossen. Man spürt, wie es an den Lippen kitzelt. Vorsichtig steigert die Gruppe ihre Lautstärke, das Summen schwillt langsam an und wieder ab. Dann kauen alle mit geschlossenem Mund auf einem Ton herum.

Zum Abschluss dieser Übung schnauben alle wie Pferde. Dabei sollten die Lippen ganz entspannt sein.

Klangteppiche produzieren

Sozialform: Gruppenübung
Dauer: ca. 5 min
Ziel: Förderung der Konzentration, Einstellen auf die Gruppe

Klangteppiche lassen sich auf unterschiedliche Arten produzieren: mit Tönen und Geräuschen oder einer Kombination aus beidem. Jeder wählt eine Silbe (dum, tam, biff, und, ich, du, wa …), einen Vokal oder eine Doppelsilbe (tata, biffbaff, tumtum, warte …) und probiert zunächst einmal für sich aus, auf welch unterschiedliche Weise sich der gewählte Laut aussprechen lässt. Man kann z. B. flüstern, in verschiedenen Tonhöhen singen, streng reden oder gelangweilt sprechen. In einem zweiten Schritt versuchen alle ihre Silbe, Doppelsilbe oder ihren Vokal rhythmisch zu sprechen.

Wenn viele verschiedene Varianten ausprobiert worden sind, wird alles zu einem Klangteppich zusammengefügt. Das kann dann wie folgt aussehen: A singt auf frei gewählter, gleichbleibender Tonhöhe den Vokal „o“; B spricht langsam und gleichmäßig, sozusagen als halben Notenwert, die Silbe „tam“; C spricht zu jedem „tam“ einmal seine Doppelsilbe „warte“ und so fort. Steuern Sie den Klangteppich wie ein Chorleiter, indem Sie die Gruppe dazu bringen, gemeinsam lauter und leiser, langsamer und schneller zu werden.

Vokale unterschiedlich verwenden

Sozialform: Gruppenübung
Dauer: ca. 5 min
Ziel: Betonungen unterscheiden

Jeder Vokal lässt sich auf unterschiedliche Weise aussprechen, z. B. verliebt, angeekelt, erstaunt, schmerzverzehrt, besserwisserisch, freundlich, wütend, ängstlich oder mutig. Jeder Schüler sagt einen vorgegebenen Vokal einmal laut und deutlich in einer selbst gewählten Stimmung, mit passendem Ausdruck. Reihum wiederholt die gesamte Gruppe den Vokal und imitiert die Tonlage und den Ausdruck des jeweiligen Sprechers so exakt wie möglich.

Anschließend wird die Übung mit Wörtern wiederholt, die ausschließlich den entsprechenden Vokal enthalten: aha, Handball, Esel, Essen, igitt, Pfirsich, Otto, Schonkost, Uhu, Unmut …

Als zusätzliche Aufgabe kann das jeweilige Wort noch von einer Bewegung begleitet werden, sei es mit den Händen, den Füßen, dem Kopf oder dem ganzen Körper, die dann ebenfalls von allen wiederholt und imitiert werden muss.

Konsonanten knallen und zischen lassen

Sozialform: Gruppenübung
Dauer: ca. 5 min
Ziel: Schulung der deutlichen Aussprache

Beim Sprechen neigen wir oft dazu, Konsonanten zu verschlucken und dadurch undeutlich zu sprechen. Diese Übung richtet ihr Augenmerk auf die unterschiedlichen Geräusche, die man mit laut und deutlich ausgesprochenen Konsonanten hervorrufen kann.

Lassen Sie die Kinder zu einzelnen Konsonanten Wortpaare finden, in denen Alliterationen verwendet werden. Möglich sind z. B.: nackte Nichtsnutze, brummelnde Braunbären, zitternde Zimtzicken, tanzende Tattertanten, lachende Lawinenlöwen, klackernde Katzenköpfe, quakende Quietschequallen oder plappernde Pappopas.

Jeder Schüler stellt seine Wortschöpfung vor, indem er sein Hauptaugenmerk darauf legt, dass er den wichtigen Konsonanten in seinem Wortpaar besonders klar und deutlich ausspricht. Die Gruppe wiederholt das vorgestellte Wortpaar und lässt die Konsonanten ebenfalls knallen, klackern, zischen oder knistern.

Kleines Stimmendrama

Sozialform: Gruppenübung
Dauer: ca. 5 min
Ziel: Gefühle darstellen

Alle Schauspieler gehen im Kreis. Auf Zuruf reagieren sie gemeinsam wie folgt:

- sie lachen
- sie wimmern
- sie kichern
- sie jauchzen
- sie flüstern
- sie schreien
- sie brüllen
- sie zischeln
- sie jammern
- sie schluchzen
- sie weinen
- sie schimpfen

Dabei achtet jeder auf seine Mimik, seine Körperhaltung und seinen Gang. Am Ende der Übung können Sie einen kurzen Erfahrungsaustausch unter den Spielern einleiten: Wie habt ihr euch gefühlt, als ihr geweint habt? Als ihr gejauchzt habt? Was habt ihr mit euren Armen gemacht? Mit euren Schultern? Den Schülern wird dadurch spielerisch klar, wie sich Körperhaltung und Klang der Stimme auf ihre Empfindungen und ihren Ausdruck auswirken.

Zungenbrecher

Sozialform: Gruppenübung
Dauer: 5 – 10 min
Ziel: Schulung der deutlichen Aussprache

Zungenbrecher eignen sich sehr gut als Sprechübungen für angehende Schauspieler. Je schneller die Zungenbrecher gesprochen werden, desto schwieriger werden sie.

- Zehn zahme Ziegen zogen zehn Zentner Zucker zum Zoo.
- Fischers Fritz fischte frische Fische. Frische Fische fischte Fischers Fritz.
- Brautkleid bleibt Brautkleid und Blaukraut bleibt Blaukraut.
- Selten ess ich Essig. Ess ich Essig, ess ich Essig nur zur Sülze.
- Bierbrauer Bauer braut braunes Bier. Braunes Bier braut Bierbrauer Bauer.
- Im dichten Fichtendickicht sind dicke Fichten wichtig.
- Es klapperten die Klapperschlangen, bis ihre Klappern schlapper klangen.
- Wenn du Wachsmasken magst: Max macht Wachsmasken.

Wir sprechen nur einen Satz!

Sozialform: Einzel- oder Partnerübung
Dauer: ca. 10 min
Ziel: Gefühle darstellen, Schulung der Körpersprache

Jeder Schüler erfindet einen kurzen Satz, z. B.: „Das Wetter ist herrlich!“, „Manchmal mag ich Marmelade!“ oder „Verflixt, wo hab ich nur meine Brille gelassen?“

Nun probiert jeder aus, wie sich dieser Satz variieren lässt: Man kann ihn flüstern, schreien, geheimnisvoll sprechen, singen, rappen, man kann ihn rhythmisch sprechen, jede zweite Silbe betonen, ihn als Fluch verwenden, jemanden damit trösten etc.

Sobald jeder mit seinem Satz vertraut ist, geht die Gruppe im Kreis und alle sagen ihre Sätze auf Zuruf wütend, liebevoll, neidisch, ängstlich, mutig, traurig, geheimnisvoll, verliebt, unfreundlich etc.

In Zweiergruppen spielen die Schüler dann die folgenden Szenen. Jeder verwendet jedoch dazu nur seinen einen Satz:

- Zwei Damen trinken Tee.
- Zwei Jugendliche treffen sich auf der Straße.
- Zwei Betrunkene streiten.
- Eine Mutter schimpft mit ihrem Kind.
- Ein Schüler erklärt der Lehrerin, warum er die Hausaufgaben nicht gemacht hat.
- Ein Bankräuber überfällt eine Bank.
- Zwei Kleinkinder streiten.

Denken Sie sich noch mehr kleine Szenen aus oder lassen Sie die Kinder eigene Szenen erfinden.

Gromolo

Sozialform: Gruppenübung in Dreiergruppen
Dauer: 10–15 min
Ziel: Förderung der Improvisationsfähigkeit, Schulung der Körpersprache

Gromolo ist eine Fantasiesprache, die der jeweilige Schüler beim Sprechen nach Lust und Laune erfindet.

Spieler A fragt Spieler B irgendetwas, z. B.: „Wie war denn Ihr letzter Urlaub?“ oder „Können Sie mir einen guten Ohrenarzt empfehlen?“ Spieler C übernimmt die Rolle des Dolmetschers. Er übersetzt die Frage in die fremde Sprache Gromolo, die einzige Sprache, die B versteht.

B antwortet wortreich und ausdrucksstark. Auf die Frage nach seinem letzten Urlaub könnte B z. B. antworten: „Wulli wo! Hiniri quarks. Plischiplum. Achs!“ Der Dolmetscher C muss nun Bs Antwort wieder für A übersetzen. A fragt erneut nach oder erzählt selbst etwas, C übersetzt und so wird die Unterhaltung fortgesponnen. Nach einer Weile tauschen die drei Schauspieler ihre Rollen.

Korkenspiel: Meine Großmutter ist krank

Sozialform: Gruppenübung
Dauer: ca. 10 min
Ziel: Schulung der deutlichen Aussprache
Material: ein Korken pro Schüler

Wenn Sie die Übung häufiger durchführen wollen, ist es sinnvoll, dass jeder Schüler einen eigenen Korken bekommt, da diese in den Mund genommen werden müssen.

Die Schüler stehen im Kreis. Jeder hält seinen Korken zwischen den Zähnen, wenn möglich senkrecht. Kind A dreht sich zu seinem linken Nachbarn B und sagt so deutlich wie möglich und ohne den Korken zu verlieren: „Meine Großmutter ist krank!“ B antwortet: „Was hat sie denn?“ Daraufhin erklärt A z. B.: „Blinddarmentzündung.“ Nun sagt B: „Ach Gott, die Arme!“, und wendet sich wiederum an seinen linken Nachbarn mit den Worten: „Meine Großmutter ist krank!“

Die Kinder dürfen sich die seltsamsten Krankheiten ausdenken – von einem Oberschenkelhalsbruch bis zu einer Bohne im Ohr darf alles dabei sein. Da es sehr schwierig ist, mit dem Korken zwischen den Zähnen deutlich zu sprechen, wird bei diesem Spiel sehr viel gelacht.

Murmelnde Volksmenge

Sozialform: Gruppenübung
Dauer: ca. 5 min
Ziel: Förderung der Konzentration, Einstellen auf die Gruppe, Schulung des Rhythmusgefühls

Häufig sprechen in Theaterstücken auf der Bühne mehrere Personen durcheinander, um eine Diskussion darzustellen, wobei es nicht darauf ankommt, was die einzelnen Personen sagen. Diese Szenen nenne ich „murmelnde Volksmenge“. (Eine derartige Szene findet sich z. B. in dem Stück „Der Dieb in der Kirche“, Seite 97.)

Jeder Schüler wählt ein beliebiges Obst oder Gemüse aus. Nun spricht jeder sein gewähltes Wort und spielt ein wenig mit dem Klang: Wie klingt es, wenn ich leise spreche? Wenn ich es laut rufe? Kann ich mein Wort auf verschiedene Arten betonen? Lässt sich ein flotter Rhythmus finden? Was passiert, wenn ich einzelne Silben in die Länge ziehe?

Wenn alle durcheinanderreden, entsteht ein wunderbarer Klangteppich. Wählen Sie einen Dirigenten, der die murmelnden Schüler wie ein Orchester dirigiert und sie lauter und leiser, schneller und langsamer werden lässt. Mit der Zeit findet jedes Kind seinen Platz im Orchester und die „murmelnde Volksmenge" kann sehr effektvoll auf die Bühne gebracht werden.

Aufwärmen des Körpers

Beim Theaterspielen genügt es nicht, steif auf der Bühne zu stehen und einen perfekt auswendig gelernten Rollentext laut und deutlich vorzutragen. Die Körper der Schauspieler sind ebenso wichtige Ausdrucksmittel wie ihre Stimmen. Deshalb müssen auch Arme und Beine, Hals und Becken trainiert und warm gemacht werden. Hierfür eignen sich Übungen aus dem Sportunterricht wie der Hampelmann, Auf-der-Stelle-Hüpfen, Auf-der-Stelle-Joggen, Arme schwingen, Kniebeugen oder Dehnen und bekannte Bewegungsspiele (z. B.: Stopptanzen, Die chinesische Mauer, Wer fürchtet sich vorm schwarzen Mann?).

Die Schüler sollten während der Theaterarbeit unbedingt bequem gekleidet sein. Hautenge Jeans, zu enge Gürtel oder Riemchensandalen, die keinen sicheren Stand gewährleisten, behindern nur. Gymnastikschuhe, durch die der Boden gut gefühlt werden kann, sind für die Theaterarbeit besonders geeignet.

Im Folgenden werden drei Einzelübungen, einige Partnerübungen und diverse Gruppenspiele vorgestellt, die sich gut als Aufwärm- und Lockerungsübungen eignen.

Verschiedene Gangarten

Sozialform: Einzelübung
Dauer: ca. 10 min
Ziel: Schulung der Körperwahrnehmung, Anregung der Fantasie

Die Gruppe bewegt sich zunächst schweigend durch den Raum. Alle gehen langsam, ruhig und entspannt. Es sollte möglichst nichts zu hören sein als Ihre Bewegungsanweisungen:

- Achte darauf, wie sich der Boden unter deinen Füßen anfühlt. Setze zuerst die Ferse auf und rolle den Fuß dann langsam und bewusst bis zu den Zehen ab. Lockere die Arme und die Halsmuskeln.
- Geh zügig, du musst rechtzeitig in der Schule sein.
- Schau auf die Uhr – verflixt, es ist schon spät, du wirst zu spät zum Unterricht kommen. Du wirst immer schneller, bis du schließlich rennst.
- Laufe aus, atme entspannt aus, gehe wieder langsam.
- Dir ist total langweilig.
- Du bewegst dich wie ein Frosch, wie ein Hase, wie ein Huhn, wie eine Katze, wie eine Schlange, wie ein Elefant. Welche Tiere fallen dir selbst noch ein?
- Du gehst durch den Sand am Strand und deine Füße sinken bei jedem Schritt ein wenig ein.
- Du näherst dich dem Wasser. Eine Welle schwappt über deine Füße. Das Wasser ist eiskalt.
- Du wanderst durch kniehohes Gras. Spüre, wie die Halme an deinen nackten Beinen kitzeln. Ab und zu siehst du Brennnesseln, denen du ausweichen musst.

- Du verbrennst dich an den Brennnesseln.
- Schleiche wie ein Indianer an den Feind heran. Auf Kommando stürzt du dich mit Kriegsgeheul auf den Feind.
- Du bist ein gefährliches Monster. Riesig und schwer stapfst du durch den Raum. Du darfst auch gruselige Monstergeräusche machen.
- Du bist ein fröhliches Kleinkind.
- Du bist eine sehr alte Frau / ein sehr alter Mann.
- Du bist ein richtig cooler Jugendlicher.
- Du bist ein strenger Lehrer / eine strenge Lehrerin.
- Schließe deine Augen. Du bist blind.
- Du hast große Schmerzen in den Beinen und musst dennoch weitergehen.
- Du hast starke Bauchschmerzen und schleppst dich nur noch mit Mühe dahin.
- Du gehst entspannt spazieren. Plötzlich trittst du ins Moor. Der Morast fasst deinen Fuß, hält ihn fest und zieht dich in die Tiefe. Wenn dich das Moor ganz verschlungen hat, liegst du auf dem Boden, reglos und vollkommen still.

Riesenarm und dicke Beine

Sozialform: Einzelübung
Dauer: 1 – 2 min
Ziel: Schulung der Körperwahrnehmung

Die Gruppe bewegt sich locker und entspannt durch den Raum. Sie versuchen mit Ihren Anweisungen, die Aufmerksamkeit der Schüler auf bestimmte Körperteile zu lenken und so ihr Körperbewusstsein zu schulen.

- Konzentriere dich auf deinen rechten Arm. Der Arm wächst und wächst. Er wird immer länger und schwerer. Er zieht dich fast zu Boden. Du kannst den riesigen, schweren Arm kaum noch tragen. Allmählich schrumpft dein Arm wieder und erreicht seine normale Größe. Lass ihn erneut wachsen, groß und schwer werden und wieder auf Normalgröße schrumpfen.

Weitere mögliche Körperteile sind: linker Arm, rechte Hand, linke Hand, rechter Fuß, linker Fuß, rechtes Bein, linkes Bein.

Wie war dein Tag?

Sozialform: Einzelübung
Dauer: 5 – 10 min
Ziel: Entspannung, Anregung der Fantasie, Stärkung der Vorstellungskraft

Bei dieser Übung reisen die Kinder noch einmal durch ihren Tag.

Die Schüler legen sich auf den Boden und tun so, als ob sie schlafen. Es ist vier Uhr morgens und alle liegen noch in ihren Betten. Dann nennen Sie den Kindern eine bestimmte Uhrzeit und jedes Kind stellt pantomimisch dar, was es heute um diese Uhrzeit getan hat. Lassen Sie den Kindern ein wenig Zeit, ihre Erlebnisse zu spielen, bevor Sie die nächste Uhrzeit ankündigen. Je nachdem, wie viel Zeit Ihnen zur Verfügung steht, können Sie in Schritten von jeweils einer Stunde voranschreiten oder kleinere Unterteilungen wählen. Ein schönes Ende der Reise ist die Ankunft bei der gerade stattfindenden Theaterprobe.

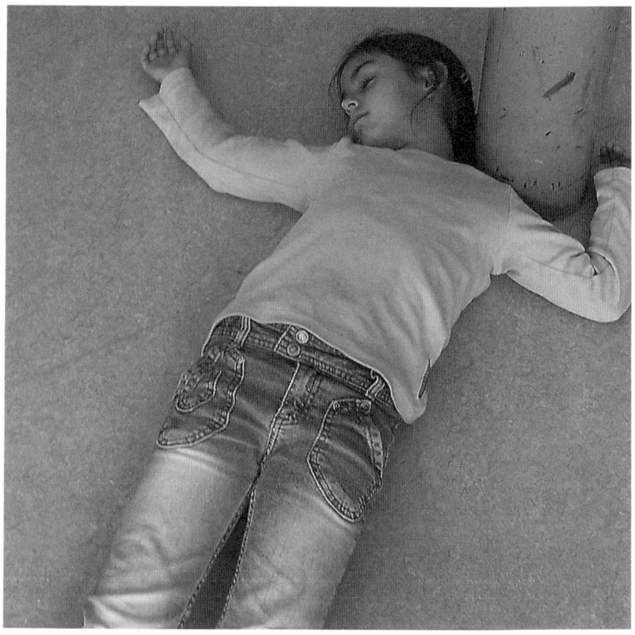

Ausdrucksübung

Sozialform: Partnerübung
Dauer: ca. 5 min
Ziel: Stärkung der Vorstellungskraft und der körperlichen Ausdrucksfähigkeit

Die Schüler gehen paarweise durch den Raum. Geben Sie ihnen folgende Anweisungen:

- Ihr geht auf einer edlen Einkaufsstraße.
- Ihr geht durch eine enge, schmutzige Gasse.
- Jetzt geht ihr im Wald spazieren, zuerst auf Sandboden, dann durch Laub und dann durch einige Pfützen. Der Boden wird immer feuchter und schlammiger. Der Matsch hält eure Füße fest, ihr verliert fast die Schuhe.

- Der Boden wird trockener, ihr lauft durch losen Kies, klettert über Geröll und erreicht schließlich die Straße.
- Ihr betretet ein Museum und besichtigt es.
- Als ihr das Museum verlasst, regnet es in Strömen.
- Ihr geht zu einer Beerdigung auf den Friedhof. Ihr sprecht jedem Paar, das ihr trefft, euer Beileid aus. Ihr seid sehr traurig und niedergeschlagen.
- Ihr verlasst den Friedhof wieder und wandert durch die Straßen. Jedes Mal, wenn ihr ein anderes Paar trefft, fangt ihr an zu weinen.
- Eure Stimmung wird besser. Ihr grüßt andere Paare freundlich. Ihr werdet sehr fröhlich. Wenn ihr ein anderes Paar trefft, fangt ihr laut und herzlich an zu lachen.

Auto fahren

Sozialform: Partnerübung
Dauer: 5 – 10 min
Ziel: Förderung der Konzentration und des kooperativen Spiels

Ein Spieler ist das Auto, sein Partner ist der Fahrer. Das Auto macht beim Fahren natürlich die entsprechenden Geräusche.

Der Fahrer steuert das Auto durch Knopfdruck. Ein Druck zwischen die Schulterblätter bedeutet: Das Auto beginnt vorwärts zu fahren. Ein Druck auf den Kopf des Autos stoppt es. Ein Druck auf den Rücken auf Höhe der Taille schaltet den Rückwärtsgang ein. Die Berührung der rechten Schulter lässt das Auto in eine Rechtskurve gehen, die Berührung der linken Schulter bewirkt eine Wendung des Autos nach links. Sobald der Druck nach rechts, links oder hinten verschwindet, fährt das Auto wieder geradeaus. Wenn der Fahrer das Auto nicht rechtzeitig stoppt, fährt es z.B. gegen eine Wand, gegen ein anderes Auto oder gegen einen Fahrer. Auto und Fahrer tauschen von Zeit zu Zeit ihre Rollen.

- Variante A: Das Auto ist kaputt. Es wird z.B. selbstständig immer schneller oder es reagiert auf das Kommando „rechts“, indem es nach links fährt. Der Fahrer muss das Auto trotz des Defektes sicher durch den Raum steuern.
- Variante B (schwierig): Ein Fahrer muss drei Autos bedienen. Die Autos stehen mit den Rücken zueinander. Durch Druck auf ihre Köpfe werden sie in Bewegung gesetzt. Nun muss der Fahrer alle drei Autos im Auge behalten und zwischen ihnen hin und her laufen, um sie durch die entsprechenden Kommandos zu steuern und vor Zusammenstößen zu bewahren.

Roboterspiel

Sozialform: Partnerübung
Dauer: ca. 10 min
Ziel: Förderung des kooperativen Spiels, Koordination von Bewegungen

Ein Schüler ist der Roboter, sein Partner ist der Mechaniker. Der Mechaniker konstruiert aus seinem Partner einen Roboter, indem er bestimmte maschinenartige Bewegungen und futuristische Geräusche vorgibt, die der Roboter dann auf Kommando ausführen muss. Mechaniker und Roboter legen gemeinsam fest, wie der Roboter auf bestimmte Kommandos (Druck auf einzelne Körperstellen, „Schalter“ etc.) zu reagieren hat.

Jedes Paar übt, bis der Roboter funktioniert. Dann führt jeder Mechaniker seinen Roboter der ganzen Gruppe vor.

Nach der Hälfte der Zeit werden die Rollen getauscht, damit jeder einmal Roboter und einmal Mechaniker sein kann.

Der Blinde und sein Helfer

Sozialform: Partnerübung
Dauer: ca. 5 min
Ziel: Vertrauensbildung, Förderung der Konzentration, Schulung des Reaktionsvermögens
Material: eventuell blickdichte Tücher, um die Augen zu verbinden

Ein Schüler ist der Blinde, sein Partner ist der Helfer. Der Blinde schließt die Augen und darf während der gesamten Übung nichts sehen. Gegebenenfalls verbindet man ihm die Augen. Der Helfer muss den Blinden sicher durch den Raum führen.

Das Spiel lässt sich in drei Varianten spielen:

a) Der Helfer führt durch gesprochene Anweisungen und durch Berührungen.
b) Der Helfer führt wortlos, nur durch Berührungen.
c) Der Helfer führt nur durch Worte und Anweisungen.

Nach einer Weile werden die Rollen getauscht.

Spiegelbild

Sozialform: Partnerübung
Dauer: 5 – 10 min
Ziel: Förderung der Konzentration und der exakten Nachahmung

Ein Schüler ist der Spiegel, sein Partner ist derjenige, der vor dem Spiegel steht. Der Spiegel kopiert, natürlich spiegelverkehrt, alle Bewegungen und Grimassen des Betrachters. Zunächst führt der Betrachter seine Bewegungen übertrieben langsam, fast wie in Zeitlupe durch, damit das Spiegelbild die Chance hat, alles in Ruhe zu erfassen und zu wiederholen. Wenn das Paar schon etwas geübter ist, können die Bewegungen und Veränderungen ein wenig zügiger und fließender vorgespielt werden. Hektisches Zappeln und Herumtoben sollte allerdings vermieden werden, da dies das Kopieren der Aktionen für das Spiegelbild unnötig erschweren würde.

Nach einer Weile tauschen die beiden Partner die Rollen.

Begrüßungsspiel

Sozialform: Gruppenübung
Dauer: ca. 5 min
Ziel: Kennenlernen der anderen Mitspieler, Verbesserung der körperlichen Ausdrucksfähigkeit

Die gesamte Gruppe geht locker und entspannt durch den Raum. Auf Ihre Anweisung hin begrüßen sich alle Schüler, wenn sie sich treffen, und zwar

- förmlich: Hände schütteln, den eigenen Namen, die Adresse, Alter und Hobbys nennen
- hektisch: Alle laufen eilig durch den Raum und versuchen innerhalb von zehn Sekunden alle Hände zu schütteln.
- besonders ehrerbietig: mit tiefer Verbeugung oder tiefem Knicks
- ganz normal: wie die Schüler sich täglich begrüßen, wenn sie sich auf dem Schulweg begegnen
- verspielt: durch leichtes Zupfen am linken Ohrläppchen des anderen
- „außerirdisch“: Je zwei Personen, die sich treffen, stellen sich so auf, dass sie sich mit ihren Hinterteilen berühren und schütteln sich dann durch ihre Beine hindurch die Hände.

Die Gruppe kann weitere Begrüßungsrituale erfinden und ausprobieren.

Moleküle bauen

Sozialform: Gruppenübung
Dauer: 5 – 10 min
Ziel: Schulung des Reaktionsvermögens

Die Gruppe geht im Kreis. Auf Zuruf finden sich diejenigen Schüler zu einem Molekül zusammen, die

- die gleiche Sockenfarbe haben
- Brillenträger oder Nicht-Brillenträger sind
- das gleiche Geschlecht haben
- die gleiche Augenfarbe haben
- Pullover der gleichen Farbe tragen
- im gleichen Monat Geburtstag haben
- ein „a“ in der ersten Silbe ihres Vornamens haben (oder ein e, i, o, u …)
- einen Vornamen mit dem gleichen Anfangsbuchstaben haben.

Die zu einem Molekül gehörigen „Atome“ müssen sich berühren.

Hier kommen wir!

Sozialform: Gruppenübung
Dauer: ca. 10 min
Ziel: Bewegungsfreude, Schulung des Beobachtungsvermögens, Schulung der pantomimischen Darstellung

Für diese Übung wird Platz benötigt. Sehr geeignet ist dafür eine Turnhalle oder ein größerer Saal.

Die Gruppe wird in zwei gleich große Untergruppen A und B geteilt. Gruppe A stellt sich in einer langen Reihe an der einen Seite der Halle auf. Gruppe B nimmt ebenso an der gegenüberliegenden Seite Aufstellung. Gruppe A wählt vor Spielbeginn leise, sodass die andere Gruppe nichts hört, einen Beruf. Ist die Wahl getroffen, marschiert Gruppe A im Gleichschritt auf Gruppe B zu und skandiert rhythmisch: „Hier kommen wir! Hier kommen wir!“ Kurz bevor sich die Gruppen treffen, ruft B wie aus einem Mund: „Halt! Keinen Schritt weiter! Zeigt, wer ihr seid!“ Dabei strecken alle Mitglieder von B gebieterisch die rechte Hand vor.

Nun bleibt Gruppe A stehen und alle Mitglieder beginnen sofort, den vorher gewählten Beruf pantomimisch darzustellen. Gruppe B rät, indem jeder, der eine Idee hat, seinen Vorschlag laut herausruft.

Sobald der richtige Beruf erraten wurde, wenden sich alle aus Gruppe A zur Flucht und versuchen, wieder zur eigenen Hallenseite zurückzugelangen. Gruppe B nimmt die Verfolgung auf und versucht so viele Gruppenmitglieder von A wie möglich zu berühren und so für ihre Gruppe zu gewinnen.

Nun darf B einen Beruf wählen und das Spiel beginnt von Neuem, nur dass B losmarschiert und „Hier kommen wir! Hier kommen wir!“ ruft.

Die schwankende Scheibe

Sozialform: Gruppenübung
Dauer: ca. 5 min
Ziel: Förderung der Konzentration, Schulung des Reaktionsvermögens, Stärkung der Vorstellungskraft

Die ganze Gruppe stellt sich vor, dass sie sich auf einer riesigen, schwankenden Scheibe befindet. Je nachdem, wie das Gewicht auf dieser Scheibe verlagert wird, droht man von der Scheibe zu rutschen. Stürzt man in die Tiefe, muss man wieder mühsam nach oben klettern. Jeder Einzelne soll alle Mitspieler genau beobachten und dabei mithelfen, die Scheibe im Gleichgewicht zu halten. Da die Übung möglichst realistisch aussehen soll, erfordert sie große Konzentration und Aufmerksamkeit.

Monsterkette

Sozialform: Gruppenübung
Dauer: 5 – 10 min
Ziel: Bewegungsfreude, Förderung der Kooperationsfähigkeit

Ein Mitspieler ist das Monster, ein anderer ist der Held. Das Monster darf sich nur in Zeitlupe bewegen und macht gefährliche Monstergeräusche und -bewegungen. Alle Kinder, bis auf den Helden, können sich nur mit geschlossenen Füßen hüpfend vorwärtsbewegen. Werden sie von dem Monster berührt, verschlingt es sie, indem es sie an der Hand nimmt. Das wachsende Monster macht weiterhin gefährliche Geräusche und kann nur mit seinen beiden äußeren Händen die freien Mitspieler abschlagen. Der Held ist der Einzige, der einzelne Mitspieler vor dem Monster schützen kann. Er kann nicht gefangen werden und darf sich so schnell bewegen, wie er will.

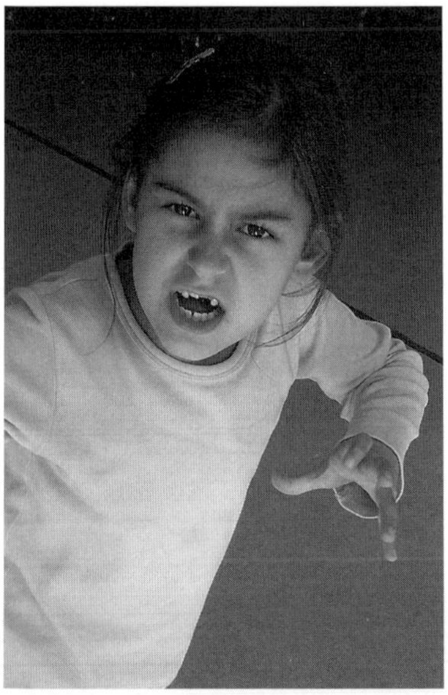

Wird ein Mitspieler vom Monster bedroht, so kann der Held ihn schützen, indem er ihn in seine Heldenarme schließt. Dazu muss der Held still stehen und mit beiden Armen den Bedrohten ganz umschließen. Wenn mehr als zwölf Personen an diesem Spiel beteiligt sind, empfiehlt es sich, zwei Helden zu ernennen.

Die Fortbewegungsmöglichkeiten der Mitspieler lassen sich beliebig variieren: Sie können nur auf einem Bein hüpfen, auf allen vieren krabbeln, wie Frösche hüpfen, im Entengang watscheln, rückwärts gehen …

Maschinenbau

Sozialform: Gruppenübung
Dauer: 10 – 15 min
Ziel: Abbauen von Berührungsängsten, Sich-Einfügen in einen bestimmten Rhythmus

Die Gruppe wird in zwei gleich große Gruppen, A und B, geteilt. Beide Gruppen erhalten den Auftrag, eine Maschine aus Menschen zu bauen. Die Maschine muss sich gleichmäßig bewegen und interessante Geräusche machen. Ein Spieler beginnt mit einer stereotypen Bewegung und erfindet ein Geräusch dazu. Der nächste Spieler fasst nun z. B. den Arm des ersten und passt seine Bewegung der des ersten an. Alle Mitspieler müssen sich untereinander auf die eine oder andere Art berühren. Sind die beiden Maschinen fertiggestellt, üben die beiden Gruppen noch ein wenig. Dann führen sie sich gegenseitig ihre Maschinen vor.

Der Pestkranke

Sozialform: Gruppenübung
Dauer: ca. 10 min
Ziel: Bewegungsfreude, Förderung der Kooperationsfähigkeit, Schulung der Körpersprache
Material: zwei Stühle

Durch zwei Stühle wird das Krankenhaustor dargestellt. Ein Spieler ist der Pestkranke, ein anderer ist der Arzt. Der Arzt steht im Krankenhaustor. Der Pestkranke versucht so viele Mitspieler wie möglich anzustecken, indem er sie berührt. Wer infiziert wurde, stürzt sofort jammernd zu Boden. Die anderen Mitspieler müssen einerseits dem Pestkranken entkommen, andererseits den auf dem Boden liegenden Infizierten helfen. Ein Spieler, der einen Kranken berührt, wird zum Krankenpfleger. Er ist immun und kann vom Pestkranken nicht angesteckt werden. Der Krankenpfleger gibt dem Erkrankten schmerzstillende Mittel, bepinselt die Beulen mit Jod und spricht tröstende

Worte. Sobald ein zweiter Mitspieler den Kranken berührt, verwandeln sich die beiden Krankenpfleger in einen Krankenwagen. Sie heben den Kranken auf und transportieren ihn mit Blaulicht und Martinshorn zum Krankenhaus. Krankenwagen dürfen vom Pestkranken nicht berührt werden. Der Krankenwagen legt den Kranken vor den Füßen des Arztes ab. Sofort verwandeln sich die beiden Krankenpfleger wieder in normale Mitspieler und müssen vor dem Pestkranken fliehen.

Der Arzt begrüßt den Kranken mit dem Wort: „Krankenschein?“ Der Kranke reicht dem Arzt den Krankenschein. Daraufhin schüttelt der Arzt dem Kranken die Hand und ergänzt: „Jetzt sind Sie geheilt!“ Der Kranke antwortet: „Vielen Dank, Herr Doktor!“, und begibt sich wieder aufs Spielfeld, wo er erneut vor dem Pestkranken fliehen muss.

Verschiedene Begrüßungsspiele

Sozialform: Gruppenübung
Dauer: jeweils 5 – 10 min
Ziel: Kennenlernen der anderen Mitspieler

- „Mein rechter, rechter Platz ist leer, ich wünsche mir die/den … her“
- Blinzelspiel: Die Hälfte der Kinder sitzt in einem Stuhlkreis oder auf dem Boden. Die übrigen Kinder stellen sich jeweils hinter einen Stuhl und verschränken ihre Hände hinter dem Rücken. Ein Stuhl bleibt frei. Derjenige Mitspieler, der allein steht, muss nun versuchen, sich einen Partner herbeizublinzeln. Sobald ein Hintermann merkt, dass sein Vordermann weglaufen möchte, muss er versuchen, ihn festzuhalten. Achten Sie darauf, dass nicht zu fest zugepackt wird und die Angeblinzelten nicht aus Übermut mit Gewalt am Weglaufen gehindert werden.
- Ballspiel: Die Gruppe steht in einem engen Kreis, Schulter an Schulter. Ein Mitspieler schaut ein anderes Kind an, sagt seinen eigenen Namen und wirft dem anderen den Ball zu. Um das Spiel abwechslungsreicher zu gestalten, können das Tempo und die Größe des Kreises variiert werden. Wenn sich die Kinder schon besser kennen, nennt der Spieler vor dem Wurf nicht seinen eigenen Namen, sondern den des Fängers.

Kreative Übungen für den Kopf

Je umfangreicher die Theaterstücke sind, die Sie mit Ihrer Gruppe aufführen wollen, desto mehr Text müssen die Schüler auswendig lernen. Die Übungen, die in diesem Abschnitt vorgestellt werden, dienen einerseits dem Gedächtnistraining, andererseits sollen sie den Schülern helfen, auch in „Krisensituationen“ auf der Bühne spontan und geschickt zu reagieren, z.B. wenn ihnen der Text nicht mehr einfällt, plötzlich eine wichtige Requisite fehlt, die Schranktür, die sich eigentlich von selbst öffnen müsste, klemmt etc. In diesen Momenten hilft es den Schülern, wenn sie während der Probenarbeit bereits gelernt haben, sich auf längere Abfolgen zu konzentrieren und spontan zu reagieren.

Worte assoziieren

Sozialform: Gruppenübung
Dauer: ca. 5 min
Ziel: Anregung der Fantasie, Schulung des Reaktionsvermögens, Entwicklung der sprachlichen Spontaneität

Die Schauspieler stellen sich in einer langen Reihe nebeneinander auf. Nacheinander geht jeder Mitspieler an der Reihe vorbei, bleibt vor jedem Einzelnen stehen und sagt ein beliebiges Wort. Die Angesprochenen antworten schnell und spontan mit einem Wort, das ihnen dazu einfällt. Hat ein Schauspieler die gesamte Reihe abgeschritten, stellt er sich am Ende wieder an. Jeder sollte einmal „Wortgeber“

gewesen sein. Achten Sie darauf, dass die Teilnehmer nicht lange überlegen, um ein möglichst originelles Wort zu erwidern, sondern wirklich spontan antworten.

Meine Tante aus Amerika

Sozialform: Gruppenübung
Dauer: ca. 10 min
Ziel: Gedächtnistraining

Alle Teilnehmer stehen oder sitzen in einem großen Kreis. Spieler A beginnt, indem er zu B sagt: „Meine Tante aus Amerika ist gekommen." Spieler B fragt A: „Was hat sie dir denn mitgebracht?" A antwortet beispielsweise: „Einen Wasserball." Nun wendet sich Spieler B an Spieler C mit den Worten: „Meine Tante aus Amerika ist gekommen." Worauf C fragt: „Was hat sie dir denn mitgebracht?" Darauf antwortet B: „Einen Wasserball und eine Dose Katzenfutter." Jetzt wendet sich C an D.

Wenn jemand nicht mehr weiterweiß, können andere Schüler helfen und vorsagen. Spannender wird das Spiel, wenn derjenige, der einen Fehler macht, sich in der Reihenfolge irrt oder nicht mehr weiterweiß, ausscheidet.

Ich heiße Anne

Sozialform: Gruppenübung
Dauer: ca. 10 min
Ziel: Gedächtnistraining, Kennenlernen der anderen Mitspieler

Alle Teilnehmer sitzen oder stehen im Kreis. A stellt sich vor, indem sie sagt: „Ich heiße Anne und wenn ich groß bin, möchte ich Saxophon spielen." Nun fährt B fort: „Das ist Anne. Wenn sie groß ist, möchte sie Saxophon spielen. Ich heiße Frederik und liebe meinen schwarzen Pudel." So geht es weiter. Nach dem ersten Durchgang können Sie einen zweiten anschließen, um zu sehen, wer sich wirklich alle Namen und Vorlieben der gesamten Gruppe merken konnte.

Wir erfinden eine Geschichte

Sozialform: Gruppenübung
Dauer: 10 – 15 min
Ziel: Entwicklung der sprachlichen Spontaneität, Einstellen auf die Gruppe
Material: Stein oder Murmel für Variante B

Alle Schüler sitzen im Kreis. A beginnt eine Geschichte, indem er das erste Wort des ersten Satzes sagt. Nun geht es im Uhrzeigersinn weiter und B fügt das zweite Wort an. Soll ein Satz als beendet betrachtet werden, so fügt der jeweilige Schüler an sein Wort einen Punkt an, indem er „Punkt!" sagt. Ermuntern Sie Ihre Schüler, nicht lange nach einem geeigneten Wort zu suchen, sondern spontan und gerne auch ein wenig unüberlegt mitzuspielen. Sobald eine Gruppe den Spaß an diesem Spiel entdeckt hat, läuft das Geschichtenerfinden zügiger.

- Variante A: Jeder Mitspieler darf nicht nur ein Wort, sondern einen ganzen Satz sagen.
- Variante B: Es gibt keine feste Erzählreihenfolge. Bringen Sie einen „Erzählstein" oder eine große, bunte Glasmurmel mit. Bestimmen Sie einen Schüler, der die Geschichte beginnt, indem Sie ihm den „Erzählstein" in die Hand geben. Sobald der erste Satz erfunden wurde, wird der Stein oder die Murmel in die Mitte des Kreises gelegt. Wer den nächsten Satz zur Geschichte beitragen möchte, nimmt sich den Stein.

Wir machen einen Quatschsalat

Sozialform: Gruppenübung
Dauer: ca. 5 min
Ziel: Schulung des Rhythmusgefühls, Entwicklung der sprachlichen Spontaneität

Die Gruppe bildet einen großen Kreis. Alle beginnen rhythmisch und nicht zu schnell zu klatschen, indem sie abwechselnd in die Hände klatschen und sich mit beiden Händen auf die Oberschenkel schlagen. Dazu sprechen alle im Chor: „Wir **ma**chen **ei**nen **Quatsch**sal**at** und **ge**ben **da** hin**ein** …" (Dabei erhält jede fett gedruckte Silbe einen Taktschlag.)

Ein erster Spieler, A, fährt nun allein fort: „**Na**sen**po**pel **und** ein **Spin**nen**bein**."

Anschließend wiederholen alle: „**Na**sen**po**pel **und** ein **Spin**nen**bein**."

Nahtlos geht es weiter, die Gruppe sagt wieder im Chor: „Wir **ma**chen **ei**nen **Quatsch**sal**at** und **ge**ben **da** hi**nein** …"

Jetzt muss Spieler B weitermachen. B sagt vielleicht: „**Krö**ten**au**gen **und** ein **Spin**nen**bein**."

Die Gruppe wiederholt: „**Krö**ten**au**gen **und** ein **Spin**nen**bein**."

Jeder Spieler ist einmal an der Reihe und darf eine eklige Zutat für den Quatschsalat erfinden. Dieses Spiel macht den Kindern viel Spaß, weil es gar nicht ernst gemeint ist und alle Verrücktheiten erlaubt sind.

Einen Reim bring ich heim

Sozialform: Gruppenübung
Dauer: 5 – 10 min
Ziel: Förderung der Konzentration, Schulung des Sprachgefühls
Material: weicher Ball

Die Gruppe bildet einen Kreis. Ein Kind bekommt den Ball. Es wirft ihn einem Mitspieler zu und sagt dabei ein Wort. Wer den Ball fängt, muss zu diesem Wort einen Reim finden. Dann wirft er den Ball zum Nächsten und sagt ein anderes Wort. Je schneller geworfen werden kann, desto besser!

Alphabetunterhaltung

Sozialform: Partnerübung
Dauer: 10 – 15 min
Ziel: Förderung der Konzentration, Entwicklung der sprachlichen Spontaneität

Diese Übung eignet sich erst für Schüler ab der vierten Klasse, die das Alphabet sicher beherrschen.

Die Gruppe sitzt im Kreis oder als Zuschauergruppe vor der Bühne. Es werden Paare gebildet. Nacheinander tritt je ein Paar auf die Bühne oder in die Kreismitte und improvisiert eine kleine Unterhaltung. Bedingung für dieses Spiel ist: Die beiden Schauspieler müssen abwechselnd sprechen und das jeweils erste Wort muss mit dem nächsten Buchstaben des Alphabets beginnen.

So könnte die kleine Unterhaltung anfangen:

A: „**A**lso wirklich! Wie sieht es denn wieder in deinem Zimmer aus?"
B: „**B**itte? Ich hör wohl nicht richtig. Ich find's hier okay!"
A: „**C**hristian! Diesen Dreck hier findest du okay?"
B: „**D**a kannst du Gift drauf nehmen. Mir gefällt mein Zimmer so!"
A: „**E**ntsetzlich! Einfach schrecklich! Ich werde mit Papa reden. So geht es jedenfalls nicht mit dir weiter!"
B: „**F**ang bloß nicht wieder damit an!"

Bei diesem Spiel kommt es nicht auf die Geschwindigkeit an und auch nicht darauf, dass bühnenreife Dialoge entstehen. Es geht lediglich darum, sich gut zu konzentrieren, den Faden nicht zu verlieren und die „Handlung" trotz aller Schwierigkeiten ein wenig fortzuspinnen.

Wenn die Schüler das Alphabet noch nicht vollkommen sicher beherrschen, können Buchstabenzettel, die deutlich sichtbar für die Akteure hochgehalten werden, eine Hilfe sein. Sobald ein Spieler einen Satz mit einem „falschen" Buchstaben beginnt, ist die Unterhaltung beendet. Das Paar, das die meisten Buchstaben des Alphabets in seiner Unterhaltung abgearbeitet hat, hat gewonnen.

Improvisationsübungen

Kinder und Jugendliche jeden Alters mögen es, spontan kleine Szenen zu erfinden und zu spielen. Jungen bringen oft dramatische Begebenheiten auf die Bühne, in denen Verbrecher gejagt oder fiese Bösewichte gefangen genommen werden. Mädchen lassen gern Prinzessinnen und Hexen auftreten, erfinden Szenen aus dem häuslichen Alltag oder aus dem Umfeld der Schule.

Je jünger die Schauspieler sind und je weniger Theatererfahrung sie haben, desto mehr Anleitung benötigen sie beim Erfinden von Szenen. Schülern ab zwölf Jahren gelingt es bereits häufig, kleine Szenen ohne vorherige Absprache während des Spielens auf der Bühne zu entwickeln. Für Grundschüler ist es hilfreich, wenn sie einige Minuten Zeit erhalten, um sich über den Inhalt der Szene abzusprechen, die sie spielen möchten.

Erwarten Sie nicht, dass jede Szene, die von den kleinen Schauspielern spontan erfunden wird, wirklich spannend ist. Bei vielen Szenen werden weder ein richtiger Anfang noch ein Höhepunkt oder ein Schluss auszumachen sein. Immer wieder jedoch entstehen Szenen, die wahre Perlen sind, die einen beeindruckenden Witz enthalten oder denen eine wirklich spannende Idee zugrunde liegt. Mit der Zeit erkennen die Kinder, dass ihre improvisierten Szenen auf einem Konflikt basieren müssen.

Wichtig beim Improvisieren ist, dass sich die gesamte Theatergruppe die einzelnen Szenen ihrer Mitschüler aufmerksam ansieht. Zum Theaterspielen gehört ein Publikum, dem die kleinen Stücke vorgetragen werden. Am Ende jeder Szene treten die Schauspieler an den Bühnenrand, verbeugen sich und das Publikum klatscht. Jede Anstrengung soll mit Applaus belohnt werden. Bemerkungen wie „Das war aber langweilig!" sind verboten. Die Erfahrung zeigt, dass jede Szene etwas Gelungenes beinhaltet, das herausgehoben und gelobt werden kann.

Bei einigen Improvisationsübungen benötigen Sie Listen, beispielsweise mit Orten, Redewendungen oder Filmtiteln. Lassen Sie die Schüler im Vorfeld eigene Ideen und Vorschläge zu den einzelnen Übungen aufschreiben oder bereiten Sie entsprechende Zettel vor. Sollten Sie dafür einmal keine Zeit haben, finden Sie am Ende dieser Übungen eine Liste mit Vorschlägen.

Die Übungen und Anregungen in diesem Kapitel werden Ihnen und Ihrer Gruppe helfen, sich in kleinen Schritten dem Improvisationstheater zu nähern.

Vorgegebener Titel

Sozialform: Kleingruppen von 2 – 3 Schülern
Dauer: 5 – 10 min Vorbereitungszeit und ca. 5 min Spielzeit pro Kleingruppe
Ziel: Förderung von Kreativität, Spontaneität und Improvisationsfähigkeit
Material: vorbereitete Zettel mit Titeln von Theaterstücken

Es werden Zweier- oder Dreiergruppen gebildet, je nach Anzahl der Schauspieler. Jede Gruppe erhält einen Zettel, auf dem der Titel eines kurzen Theaterstücks steht, das sie spielen soll. Dann hat jede Kleingruppe fünf bis zehn Minuten Zeit, ein kleines Theaterstück zu entwickeln, das anschließend aufgeführt wird. Sie können die Titelvorschläge von unten verwenden oder die Kinder eigene Ideen aufschreiben lassen.

Mögliche Titel sind:

- Das verschwundene Gebiss
- Der bissige Opa
- Die Katze im Kühlschrank
- Ein Räuber hinterm Sofa
- Die dreckige Zahnbürste
- Das Loch im Strumpf
- Der rostige Nagel
- Der unheimliche Computer
- Der gemeine Freund
- Das blaue Auge
- Die besoffene Putzfrau
- Der verbogene Löffel
- Das verschimmelte Brot
- Das hohe Fieber
- Der abgebrochene Fingernagel
- Der taube Lehrer
- Die versalzene Quarkspeise
- Die falsche Kiste
- Der verrückte Chirurg
- Die grüne Katze
- Der sprechende Kaktus
- Der singende Elefant

Alltägliche Szenen – verschiedene Stimmungen

Sozialform: Kleingruppen von 2 – 3 Schülern
Dauer: 5 – 10 min Vorbereitungszeit und ca. 5 min Spielzeit pro Kleingruppe
Ziel: Förderung von Kreativität, Spontaneität und Improvisationsfähigkeit
Material: vorbereitete Zettel mit Alltagszenen

Jede Gruppe zieht einen Zettel mit einem Vorschlag und spielt diesen zunächst in einer entspannten Gemütslage, ganz normal und natürlich. In einer zweiten Runde erhalten die Schüler den Auftrag, die Szene in einer bestimmten Gemütsverfassung zu spielen.

Mögliche Alltagsszenen sind:
- Frühstücksbrote schmieren
- Kakteen umtopfen
- die Wimpern tuschen
- die Toilette säubern
- die Küche fegen
- den Keller aufräumen
- Hemden bügeln
- Unkraut jäten
- Plätzchen backen
- Zwiebeln schneiden
- Vokabeln lernen
- in die Schule gehen
- auf dem Zahnarztstuhl sitzen
- einen Apfel schneiden
- duschen
- Hausaufgaben machen
- Einkauf im Supermarkt
- fernsehen
- Hände waschen
- auf dem Familienfest
- sonntäglicher Abwasch
- Zimmer aufräumen
- Kinderarztbesuch
- auf den Postboten warten
- das Baby wickeln
- Fliegen totschlagen
- Strümpfe stricken
- auf den Bus warten
- die Haare kämmen
- Chips essen
- Fenster putzen

Mögliche Gefühle und Stimmungen sind:
- Neid
- Liebe
- Hass
- Wut
- Trotz
- Eifersucht
- Hochmut
- Verachtung
- Angst
- Mut
- Verzweiflung
- Hoffnung
- Trauer
- Abscheu
- Ekel
- Panik
- Begeisterung
- Freude
- Langeweile
- Schüchternheit

Erster Satz und letzter Satz

Sozialform: Kleingruppen von 2 – 3 Schülern
Dauer: 5 – 10 min Vorbereitungszeit und ca. 5 min Spielzeit pro Kleingruppe
Ziel: Förderung von Kreativität, Spontaneität und Improvisationsfähigkeit
Material: vorbereitete Zettel mit ersten und letzten Sätzen

Jede Gruppe erhält zwei Aufgabenzettel, auf denen der erste und der letzte Satz eines Theaterstücks stehen, das gespielt werden soll. Innerhalb der Vorbereitungszeit sollen die Schüler eine kleine Szene erfinden, die mit dem vorgegebenen ersten Satz beginnt und mit dem zweiten Satz endet. Die Handlung und die Dialoge, die zwischen den beiden Sätzen liegen, werden von den Schülern frei gestaltet.

Mögliche erste Sätze sind:
- Liebling, leg bitte sofort die Pistole weg!
- Wer erzieht hier eigentlich das Kind?
- Um Himmels willen, passen Sie doch auf, wo Sie hineinschneiden!
- Lüg doch nicht, du hast schon wieder gesoffen.
- Wollen wir es miteinander versuchen?
- Nun spring doch endlich, Luise!
- Oh! Das hast du aber fein gemacht!
- Mein Mann ist ein fabelhafter Heimwerker!
- Meine ganze Liebe gehört dem Meer.
- Ich hasse Blumenkohl.
- Doch! Schneewittchen ist doof.

Mögliche letzte Sätze sind:
- Sattle deinen Gaul, Johnny – es geht los!
- Wann werde ich endlich lernen, meine Rosen anständig zu düngen?
- Ich will aber auch eine ferngesteuerte Maus haben.

- Nun werde ich auf ewig unendlich einsam sein.
- Achtung, sie greifen uns von hinten an!
- Schatz, hast du meine Krawatte gesehen?
- Einmal im Leben möchte ich zu Hause ein anständiges Abendessen bekommen.
- So ein Mist – jetzt ist die Milch übergekocht.
- So ein schöner, romantischer Sonnenuntergang!
- Wo sind meine Pantoffeln?
- Ich wusste es: Der Anzug ist mir viel zu eng.

Überraschende Gegenstände

Sozialform: Kleingruppen von 2 – 3 Schülern
Dauer: 5 – 10 min Vorbereitungszeit und ca. 5 min Spielzeit pro Kleingruppe
Ziel: Förderung von Kreativität, Spontaneität, Improvisationsfähigkeit
Material: blickdichtes Tuch, Kiste oder Korb mit unterschiedlichen Alltagsgegenständen, z. B.: Bleistift, Wasserglas, Fernrohr, Ball, Kochlöffel, Schürze, Perücke, leere Flasche, Topf, Bürste, Bonbon, Socke, Sicherheitsnadel, Buch, Zettel, Haarspange (Sie brauchen mehr Gegenstände, als Schüler in Ihrer Klasse sind.)

Decken Sie den Korb oder die Kiste mit dem Tuch zu, sodass niemand sehen kann, was sich darin befindet.

Jedes Kind darf blind einen Gegenstand aus der Kiste ziehen. Die Gruppen sollen nun innerhalb weniger Minuten ein kleines Theaterstück erfinden, in dem alle gezogenen Gegenstände eine wichtige Rolle spielen.

Gefühle dramatisieren

Sozialform: Kleingruppen von 2 – 3 Schülern
Dauer: 5– 10 min Vorbereitungszeit und ca. 5 min Spielzeit pro Kleingruppe
Ziel: Förderung von Kreativität, Spontaneität, Improvisationsfähigkeit
Material: vorbereitete Zettel mit der Bezeichnung je eines Gefühls

Jede Kleingruppe zieht einen Zettel, auf dem eine Emotion notiert ist, und erhält den Auftrag, rund um dieses Gefühl eine kleine Szene zu spielen. Verwenden Sie dazu die Gefühle aus der Übung „Alltägliche Szenen – verschiedene Stimmungen“ (Seite 19/20).

Vorgegebener Ort

Sozialform: Kleingruppen von 2 – 3 Schülern
Dauer: 5 – 10 min Vorbereitungszeit und ca. 5 min Spielzeit pro Kleingruppe
Ziel: Förderung von Kreativität, Spontaneität und Improvisationsfähigkeit
Material: vorbereitete Zettel mit je einer Ortsangabe

Jede Kleingruppe zieht einen Zettel mit einer Ortsangabe. Die Schüler sollen nun eine Spielszene entwickeln, die an eben diesem Ort spielt.

Mögliche Orte sind:
- im Obdachlosenheim
- auf einer Eisscholle
- im Forschungslabor
- im Bett
- an einem Kiosk
- im Beichtstuhl
- in der Schule
- in einer stillgelegten Fabrik

- in einem Hinterhof
- am Mittelmeer
- auf dem Bahnhofsklo
- auf einer einsamen Insel
- in einem Blumentopf
- auf der Wäscheleine
- in einer Umkleidekabine
- im Ministerium
- im Zoo
- auf der Pferderennbahn
- in einem Weltraumrestaurant
- in der U-Bahn
- in der Sauna
- auf dem Parkplatz
- in der Bar
- im Jugendknast
- in der Hölle
- im Himmel
- in einer Tierhandlung
- im Gerichtssaal
- auf dem Friedhof
- in der Disco
- in einem U-Boot
- im Fußballstadion
- auf einem Hochhaus

Vorgegebenes Genre

Sozialform:	Kleingruppen von 2 – 3 Schülern
Dauer:	5 – 10 min Vorbereitungszeit und ca. 5 min Spielzeit pro Kleingruppe
Ziel:	Förderung von Kreativität, Spontaneität, Improvisationsfähigkeit
Material:	vorbereitete Zettel mit je einem Genre

Jede Kleingruppe zieht einen Zettel, auf dem ein spezielles Genre steht. Sie hat nun die Aufgabe, eine Spielszene in eben diesem Genre zu entwickeln.

Mögliche Vorgaben sind:

- Gruselfilm
- Puppentheater
- Comic
- Oper
- Musical
- Ballett
- Liebesfilm
- Western
- Tragödie
- Komödie
- Talkshow
- Nachrichtensendung
- Arztserie
- Krimi
- Märchen
- Naturfilm

Vorgegebene Personen

Sozialform:	Kleingruppen von 2 – 3 Schülern
Dauer:	5 – 10 min Vorbereitungszeit und ca. 5 min Spielzeit pro Kleingruppe
Ziel:	Förderung von Kreativität, Spontaneität, Improvisationsfähigkeit
Material:	vorbereitete Zettel mit je einer Personenangabe

Jeder Schüler zieht einen vorbereiteten Zettel, auf dem die Person angegeben ist, die er spielen soll. Die Kleingruppen haben nun die Aufgabe, eine Spielszene zu entwerfen, in der die vorgegebenen Personen mitspielen.

Mögliche Personen sind:

- Dichter
- Arzt
- Cowboy
- Mutter
- Hexe
- Kind
- Lehrerin
- Boxweltmeister
- Bäcker
- Gärtnerin
- Köchin
- Verkäufer

- Obdachloser
- Jugendlicher
- Fußballstar
- Reporter
- Polizist
- Oma
- Opa
- Fernsehmoderatorin
- Gefängniswärter
- Verrückter
- Baby
- Zoowärter
- Hund

Sprichwörter und Redewendungen dramatisieren

Sozialform: Kleingruppen von 2 – 3 Schülern
Dauer: 5 – 10 min Vorbereitungszeit und ca. 5 min Spielzeit pro Kleingruppe
Ziel: Förderung von Kreativität, Spontaneität, Improvisationsfähigkeit
Material: vorbereitete Zettel mit Sprichwörtern oder Redewendungen

Die Schüler verpacken Sprichwörter oder Redewendungen so in kleine Szenen, dass die Zuschauer anhand des Spiels den jeweiligen Spruch erraten können. Dabei sollten die Sprichwörter oder Redewendungen nicht explizit in dem Theaterstück erwähnt werden.

Vorschläge für Redewendungen sind:
- den Löffel abgeben
- ins Gras beißen
- jemanden um die Ecke bringen
- Eulen nach Athen tragen
- einen Frosch im Hals haben
- sich etwas aus dem Ärmel schütteln
- den Faden verlieren
- die Flinte ins Korn werfen

Vorschläge für Sprichwörter:
- Viele Köche verderben den Brei.
- Alle Wege führen nach Rom.
- Was Hänschen nicht lernt, lernt Hans nimmermehr.
- Was du heute kannst besorgen, das verschiebe nicht auf morgen.
- Einem geschenkten Gaul schaut man nicht ins Maul.
- Wer andern eine Grube gräbt, fällt selbst hinein.
- Wer im Glashaus sitzt, sollte nicht mit Steinen werfen.

Zeitungsschlagzeilen

Sozialform: Kleingruppen von 2 – 3 Schülern
Dauer: ca. 30 min Vorbereitungszeit, ca. 5 min Spielzeit pro Kleingruppe
Ziel: Förderung von Kreativität, Spontaneität, Improvisationsfähigkeit
Material: Zeitungen und Zeitschriften, eine Schere pro Schüler

Lassen Sie die Schüler spannende und reißerische Schlagzeilen aus Tageszeitungen ausschneiden und sammeln. Wenn Sie eine genügend große Auswahl an Schlagzeilen zusammengetragen haben, erhält jede Kleingruppe eine Schlagzeile und improvisiert dazu eine Geschichte, die hinter dieser Überschrift stecken könnte.

Kinofilme erraten

Sozialform: Kleingruppen von 2–3 Schülern
Dauer: 5 – 10 min Vorbereitungszeit und ca. 5 min Spielzeit pro Kleingruppe
Ziel: Förderung von Kreativität, Spontaneität, Improvisationsfähigkeit

Jede Kleingruppe wählt einen Kinofilm aus, den sie für die anderen Gruppen darstellen möchte. Die erste Gruppe stellt ihren Film vor, indem ihre Mitglieder stumm eine kleine Szene aus dem Film nachspielen. Sollten die anderen noch nicht wissen, um welchen Film es sich handelt, wird die Szene noch einmal gespielt, wobei auch Sprache, Töne und Geräusche eingesetzt werden dürfen.

Variante: Es können nicht nur Filme, sondern auch beliebte Bücher oder Comics vorgestellt werden.

Was habe ich zum Geburtstag bekommen?

Sozialform: Gruppenübung
Dauer: je nach Gruppengröße 20 – 30 min
Ziel: Förderung der Kooperationsfähigkeit und der sprachlichen Genauigkeit, Schulung der pantomimischen Darstellung

Spieler A wird vor die Tür geschickt. Die restliche Gruppe einigt sich auf ein Geschenk, das A zum Geburtstag bekommen hat.

A betritt den Raum und tut dabei so, als ob er ein Paket oder Päckchen tragen würde. A sagt: „Schaut mal, was ich zum Geburtstag bekommen habe!“ Die Gruppe antwortet: „Pack es doch einfach aus!“

Nun packt A das Paket pantomimisch aus, „benutzt“ es und versucht dabei zu erraten, worum es sich handelt. Die Gruppe muss A Tipps geben, darf den Begriff aber nicht nennen.

Die Theaterstücke

1. Stück: Sonja im Schneemannland

frei nach der Kindergeschichte „Sonja im Schneemannland" von Roy Spitzke

Spieldauer
vier Szenen, ca. 30 Minuten

Anzahl der Personen
Es werden mindestens zehn Schauspieler benötigt. Es können aber beliebig viele stumme Schneemänner, Schneefrauen und Schneekinder dazuerfunden werden.

Bühnenbild
Sie brauchen zwei Bühnenbilder: Sonjas Zimmer und die Winterwelt des Schneemannlandes.

In Sonjas Zimmer steht ein Bett, eine einfache Liege mit Bettzeug genügt. Im Hintergrund ist ein Fenster zu sehen. Das Fenster muss so konstruiert sein, dass dahinter verschiedene Bilder von Sonjas Schneemann aufgehängt werden können. Sie können Ihre Klasse auch zwei verschiedene Fensterbilder malen lassen, die Sie dann zwischen der 1. und der 2. Szene austauschen. In der 1. Szene ist ein großer, schöner Schneemann zu sehen, der eine Kastanienkette trägt und eine Wollmütze auf dem Kopf hat. In der 2. Szene sieht der Schneemann schon etwas ramponiert aus, denn er ist bereits ziemlich geschmolzen.

Die Verwandlung von Sonjas Zimmer in das Schneemannland kann sowohl hinter dem geschlossenen Vorhang als auch vor den Augen der Zuschauer vollzogen werden. Je nach den vorhandenen technischen Möglichkeiten sollte die Bühne winterlich gestaltet werden. Schön wäre eine Diskokugel, die weiß angestrahlt wird und deren Funkenflackern wie Schnee aussieht. Sonjas Bett ist zu Beginn der 3. Szene mit weißen Bettlaken oder Tüchern bedeckt. Eine Wäscheleine, an der lauter weiße Kreppapierstreifen befestigt sind, wird quer über die Bühne gespannt. Einige Kinder können einen kleinen Tanz mit leichten, weißen Tüchern aufführen. Wenn der Tanz beendet ist, werden die Tücher rings auf dem Bühnenboden als Schnee liegen gelassen. Das Fenster wird entfernt oder mit einem weißen Tuch verhüllt. Weiß gekleidete Kinder werfen Wattebällchen.

Kostümvorschläge
- Sonja: Winterkleidung (Mütze, Handschuhe, Schal, Winterjacke), später Schlafanzug
- Opa: normale Kleidung in 1. Szene und 2. Szene, Bademantel und Pantoffeln in 4. Szene
- Mutter und Vater: Bademäntel oder Schlafanzüge und Hausschuhe
- Schneemann Babbel, Schneemann Lord White, Schneefrau Frost-Frieda, Schneemann Raureif-Rudi, Schneejunge und Schneemädchen: weiße, mit Kissen ausgestopfte Hosen und Pullover, die ihnen die Gestalt von Schneemännern geben, weiß geschminkte Gesichter, Möhrennasen aus Tonkarton. Lord White trägt außerdem einen Zylinder und Raureif-Rudi einen schwarzen Hut, der mit Dekoschnee bestäubt werden kann.

Die Schneemänner und Schneefrauen können auch von Schauspielern gespielt werden, die aus weißer Pappe hergestellte Schneemänner so vor sich her tragen, dass die Schauspieler völlig dahinter verschwinden.

Requisiten
- Kastanienkette
- Pfeife für Babbel
- alter, großer Topf oder Korb für Frost-Friedas eisige Süßigkeiten
- zwei Schulranzen für die beiden Schneekinder
- verschiedene Süßigkeiten
- Winterstiefel für Sonja
- ein kleines, weißes Hündchen aus Styroporkugeln

Weiterführende Anregungen für den Unterricht
Jeder Ihrer Schüler hat vermutlich schon einmal einen Schneemann gebaut und musste dann mit ansehen, wie dieser dahinschmolz und verschwand. Lassen Sie die Kinder im Stuhlkreis oder schriftlich von ihren Erlebnissen erzählen. Ein wunderbarer Schreibanlass ist die Frage: „Was hat dein Schneemann im Schneemannland erlebt?"

Lassen Sie die Schüler Bilder ihrer jeweiligen Schneemänner oder Schneefrauen zeichnen oder malen und zu jedem Schneewesen kleine Steckbriefe erstellen. Dazu beantworten die Kinder Fragen wie: „Wie heißt dein Schneemann?", „Wie alt ist dein Schneemann?", „Hat er ein besonderes Kleidungsstück?", „Wen will er im Schneemannland am liebsten treffen?" etc.

Sollte es während der Probenarbeit tatsächlich schneien, dann bauen Sie mit der ganzen Klasse einen großen Schneemann und fotografieren ihn mit den Kindern. Am Tag der Theateraufführung stellen Sie alle Bilder, Fotos, Geschichten und Steckbriefe aus, sodass die Theaterbesucher „im Foyer" eine zum Thema passende Ausstellung besuchen können.

Sonja im Schneemannland

Rollen

Sonja
Opa
Schneemann Babbel
Schneemann Lord White
Schneefrau Frost-Frieda
Schneemann Raureif-Rudi
Schneejunge
Schneemädchen
Mama
Papa

---

1. Szene

Vorhang auf. Helles Licht. Ein großer, schöner Schneemann, der eine Kastanienkette trägt und eine Wollmütze auf dem Kopf hat, schaut durch das Fenster ins Zimmer hinein.
***Sonja** tritt auf, zieht sich die Fäustlinge aus und wirft sie mit Schal, Mütze und Winterjacke auf den Boden.*

Sonja *(ruft laut nach hinten)* Opa! Oooopaaaa! Komm schnell! Ich muss dir was zeigen!

***Opa** tritt auf.*

Opa *(etwas außer Atem)* Jajaja! Ein alter Mann ist doch kein D-Zug. Ich bin ja schon da. Was gibt es denn so Eiliges, kleines Fräulein?

***Sonja** zeigt stumm und stolz aus dem Fenster auf den Schneemann.*

Opa Donnerwetter! Da hast du ja dieses Jahr einen ganz besonders schönen Schneemann gebaut.

Sonja Und das ohne Hilfe! – Na ja, fast ohne! Beinahe niemand hat mir geholfen. Nur Papa ein bisschen, aber das zählt nicht!

Opa *(lacht)* Großartig! Er sieht wunderbar aus.

Sonja Und – fällt dir nichts auf?

Opa Was soll mir auffallen? – Lass mal sehen. Er ist weiß!

***Sonja** verdreht die Augen.*

Opa Und er – er trägt eine Mütze.

Sonja Ja, meine alte, die ist mir sowieso schon zu klein. – Mehr fällt dir nicht auf?

Opa *(nachdenklich)* Er hat Augen …

Sonja *nickt ungeduldig.*

Opa Eine Nase …

Sonja Mensch, Opi. Natürlich hat er eine Nase! Und? Sonst?

Opa Einen breiten Mund hat er auch …

Sonja Ja, ja, ja! Aber was noch?

Opa *(überrascht)* Ach, jetzt seh ich es: Er hat eine Halskette.

Sonja *(aufgeregt)* Genau! Die hab ich doch im Herbst gebastelt! – Ich finde, sie steht ihm echt gut.

Opa Keine Frage. Die Kette ist wie gemacht für ihn. Dein Schneemann sieht richtig stolz aus.

Sonja Ja, nicht wahr?

Opa *legt den Arm um* ***Sonja.*** *Beide schauen aus dem Fenster und betrachten den Schneemann.*

Sonja Ich glaube, der Schneemann ist mein Freund!

Opa *nickt.*
Leise Musik. Licht langsam aus. Vorhang.

2. Szene

Vorhang auf. Gedämpftes Licht. Vor dem Fenster hängt ein Bild von einem schon ziemlich geschmolzenen Schneemann. ***Sonja*** *(im Schlafanzug) und* ***Opa*** *schauen aus dem Fenster.* ***Sonja*** *ist traurig. Musik klingt aus.*

Sonja *(seufzt)* Die Sonne hat heute den ganzen Tag geschienen.

Opa *nickt.*

Sonja *(seufzt)* Der Schneemann schmilzt.

Opa *nickt mitfühlend.*

Sonja Er soll nicht schmelzen! Ich wünschte, er könnte für immer stehen bleiben.

Sonja *weint fast.* ***Opa*** *legt den Arm um* ***Sonja.***

Opa Sei nicht traurig. Er wird es gut haben im Schneemannland.

Sonja *(sieht* ***Opa*** *sehr erstaunt an)* Im Schneemannland? Was ist das denn?

Opa *führt* ***Sonja*** *zum Bett. Beide setzen sich nebeneinander darauf.*

Opa Komm, Sonja. Ich werde dir ein Geheimnis verraten. *(zwinkert verschwörerisch)* Ein ganz großes Geheimnis! Vor vielen, vielen Jahren, als ich noch ein kleines Kind war …

Sonja *(kichert)* Das kann ich mir gar nicht vorstellen!

Opa *(entrüstet)* Aber ich **war** ein kleines Kind, genau wie du. Ein kleiner Junge, genauer gesagt.

Sonja *(neugierig)* Und? Was ist nun mit dem Geheimnis?

Opa Also – als ich ein kleiner Junge war, da verriet mir meine Mutter das Geheimnis vom Schneemannland. Du musst nämlich wissen: Die geschmolzenen Schneemänner sind gar nicht tot und verschwunden. Sie leben alle an einem fernen, fernen Ort weiter.

Sonja *(erstaunt)* Alle? Dieser *(zeigt aus dem Fenster)* … und der vom letzten Jahr? Du weißt schon, der, dem wir die Pfeife von Nicoles Opa gegeben haben? Und der vom Jahr davor und …? *(guckt ganz aufgeregt)*

Opa *(nickt)* Genau. Alle Schneemänner reisen, wenn sie bei uns geschmolzen sind, in ein fernes, fernes Land: in das Schneemannland! Dort ist es immer kalt. Dort liegt immer Schnee. Das Schneemannland ist ein Land so richtig zum Wohlfühlen für Schneemänner.

Sonja *(freut sich)* Das wusste ich nicht, Opa! *(blickt aus dem Fenster)* Dann ist es ja gar nicht so schlimm, wenn mein Schneemann schmilzt. Ich meine, wenn er schon fast ganz geschmolzen ist. Du, Opa, dann trifft er vielleicht seine Freunde im Schneemannland!

Opa Das kann schon sein, Sonja. Ich bin mir sogar ziemlich sicher, dass dein Schneemann dort viele Freunde treffen wird. – Aber schau, es ist schon spät. Ich glaub, du musst jetzt schlafen.

Sonja Mach ich. Ich bin auch gar nicht mehr so traurig, seit ich weiß, dass der Schneemann ins Schneemannland kommt.

Leise Musik. ***Sonja*** *kriecht unter die Decke.* ***Opa*** *deckt sie zu, gibt ihr einen Gutenachtkuss und geht ab. Während die Musik spielt, ändert sich die Beleuchtung und das Kinderzimmer wird ins Schneemannland verwandelt.*

3. Szene

Das Licht wird etwas heller. ***Sonja*** *wacht verwundert auf, sie dehnt und reckt sich. Dann steht sie zögernd auf. Während sie zum Bühnenrand geht, bedecken zwei weiß gekleidete Kinder das Bett mit einem großen, weißen Tuch. Es sieht nun aus wie ein weißer Hügel in der Landschaft.* ***Sonja*** *reibt sich die Augen und sieht staunend, wie von allen Seiten Schneemänner auftreten.*

Babbel, Lord White, Frost-Frieda *und* ***Raureif-Rudi*** *stellen sich auf.* ***Sonja*** *beobachtet alles mit großen Augen.* ***Babbel*** *schmaucht seine Pfeife. Musik klingt aus.*

Babbel Na, Lord White, wie geht's Ihnen denn heute so?

Lord White *(vornehm und würdevoll)* Danke, danke! Kann nicht klagen. Das Wetter ist gut. Schöne, frische Kälte. Reichlich Schnee. Was verlangt man mehr?

Babbel Da haben Sie recht. Es geht doch nichts über einen kalten Wintertag, an dem der Frost so richtig klirrt und knistert. *(er entdeckt Sonja)* Sehen Sie das Mädchen da drüben? – Das ist doch … Ist das nicht …?

Babbel *winkt* ***Sonja*** *zu.* ***Sonja*** *sieht sich erstaunt um.*

Sonja Meinst du mich?

Als ***Babbel*** *nickt, geht sie langsam zu ihm hin.*

Sonja Du bist doch unser Schneemann vom letzten Jahr, oder? – Natürlich, du hast ja auch noch die Pfeife von Nicoles Opa!

Babbel Das ist meine Pfeife! Aber du hast recht. Du hast mich doch mit deiner Freundin zusammen gebaut, nicht wahr?

Sonja *(nickt)* Das stimmt. Nicole und ich haben dich fast alleine gebaut. Na ja, ein bisschen hat uns Nicoles großer Bruder geholfen – aber das zählt kaum.

Babbel Du bist Sonja, das weiß ich noch, und ich heiße Babbel.

Sonja Ich wusste gar nicht, dass Schneemänner Namen haben. Babbel klingt gemütlich.

Lord White Verzeihung, mein Herr. Würden Sie mich der jungen Dame vielleicht mal vorstellen?

Babbel Aber selbstverständlich! Sonja, dieser vornehme Herr ist Lord White, alter Schneemann-Adel. Lord White, dies ist Sonja, die junge Dame, die mich vor einem Jahr gebaut hat.

***Lord White** zieht den Zylinder und verbeugt sich vor **Sonja**. Wenn sein Kostüm es zulässt, küsst er ihr die Hand.*

Sonja Guten Tag! Ich freue mich, dass ich einen echten Lord kennenlernen darf.

Lord White Die Freude ist ganz auf meiner Seite, junge Dame. Ganz auf meiner Seite. Vielleicht besuchen Sie mich einmal zum Tee auf meinem Landsitz? Mein Landhaus liegt dort hinten links im Eiszapfengrund.

Babbel Später vielleicht, lieber Lord. Zuerst soll Sonja alle meine Freunde kennenlernen. Dafür haben Sie doch sicher Verständnis?

Lord White Aber sicher, aber sicher. Na dann – ich will mir noch ein wenig die Füße vertreten. Leben Sie wohl, junge Dame, und hoffentlich bis bald.

Lord White** lüftet den Zylinder und geht quer über die Bühne zum Bühnenrand, wo er mit Blick ins Publikum stehen bleibt. **Babbel** legt den Arm um **Sonja** und führt sie zu **Raureif-Rudi.

Babbel *(zu **Sonja**)* Das ist mein Kumpel, Raureif-Rudi. – Rudi, das ist Sonja, das Mädchen, dem ich mein Schneemannleben verdanke.

Raureif-Rudi *(neugierig)* Hey, Sonja! Kommst du direkt von drüben?

Sonja Von drüben?

Babbel Er meint, ob du aus dem Menschenland, in dem im Frühling der Schnee schmilzt, direkt zu uns gekommen bist.

Sonja *(nickt)* Ja klar. Vorhin lag ich noch zu Hause in meinem Bett und plötzlich – war ich hier, bei euch!

Raureif-Rudi Wunderbar! Dann weißt du ja sicher Bescheid. – Wie ist denn das Wetter so bei euch?

Sonja *(verständnislos)* Das Wetter? Wofür musst du wissen, wie das Wetter bei uns ist?

Babbel Raureif-Rudi kann es jedes Jahr kaum erwarten, dass es bei euch taut.

Raureif-Rudi *(eifrig)* Ja. Denn wenn es bei euch taut, dann kommen hier all die neuen Schneemänner und Schneefrauen an. Und ich freu mich immer besonders auf die Schneefrauen.

Sonja Schneefrauen? Es gibt auch Schneefrauen?

Babbel Natürlich. Nur leider viel zu wenige.

Raureif-Rudi Ja, unglücklicherweise baut ihr Menschen meistens Schneemänner. Aber wir Schneemänner hier würden alle gerne eine nette Schneefrau kennenlernen und heiraten.

Raureif-Rudi *guckt traurig zu* ***Frost-Frieda****.*

Babbel Raureif-Rudi sucht nach einer Schneefrau, seit er hier ist. Aber außer Frost-Frieda *(er zeigt auf sie)* sind alle verheiratet. Und Frost-Frieda …

Raureif-Rudi … will ihre Unabhängigkeit nicht aufgeben. *(seufzt)* Sie verkauft hier die eisigen Süßigkeiten.

Sonja *(völlig verwirrt)* Heiraten? Eisige Süßigkeiten? Was es hier alles gibt!

Raureif-Rudi Und deshalb muss ich wissen, wie das Wetter bei euch ist.

Sonja Die Sonne schien den ganzen Tag und es hat ordentlich getaut.

Raureif-Rudi *(zu* ***Babbel****)* Es hat schon getaut? Wunderbar! Dann kann es ja nicht mehr lange dauern, bis sie alle kommen. – Ich muss vorbereitet sein, wenn diesmal eine flotte Schneefrau kommt. Ich muss einen guten Eindruck machen. *(nimmt den Hut ab und betrachtet ihn kritisch)* Ich geh kurz nach Hause, mach mich ein bisschen frisch und bürste meinen Hut aus.

Babbel *(lachend)* Okay, Raureif-Rudi, mach das. Bis bald.

Raureif-Rudi *(verbeugt sich vor* ***Sonja****)* Auf Wiedersehen, liebe Sonja. Und vielen Dank für die guten Nachrichten!

Sonja Welche Nachrichten?

Raureif-Rudi Na, dass es bei euch taut!

Raureif-Rudi *geht winkend ab.* ***Sonja*** *winkt ebenfalls.*

Babbel Komm, Sonja, jetzt zeig ich dir, wie wir hier wohnen. Und unsere Schneegärten!

Babbel *und* ***Sonja*** *gehen an den Bühnenrand und blicken ins Publikum.*

Babbel Da hinten, das ist unsere Hauptstraße. Dort sind auch unsere Geschäfte.

Sonja Und alle Häuser sind aus Schnee. Bei euch ist alles aus Eis und Schnee, nicht wahr?

Babbel Fast alles. Aber nur fast! *(hebt lächelnd seine Pfeife hoch)* Aber sonst: Stühle, Tische, Betten, Autos, Waschmaschinen … alles aus Schnee.

Sonja Ihr habt sogar Autos?

Babbel Aber klar! Sie fahren natürlich nicht mit Benzin, sondern mit Eiswürfelkondensatoren.

Sonja *(verwirrt)* Aha! *(schaut sich um)* Und sogar die Bäume und Blumen … *(zeigt ins Publikum)* Dort hinten ist ein richtiger Rosengarten. Wie all die Schneerosenblüten in der Sonne glitzern! Toll!

Der ***Schneejunge*** *und das* ***Schneemädchen*** *treten mit ihren Schultaschen auf. Sie rennen auf* ***Frost-Frieda*** *zu. Jeder will der Erste sein.* ***Sonja*** *entdeckt die beiden Kinder.*

Sonja Nein! Sogar Schulkinder habt ihr hier! Dann habt ihr bestimmt auch eine Schule?

Babbel Natürlich! *(zeigt in den Bühnenhintergrund)* Siehst du dort ganz hinten das große, weiße Schneehaus?

Sonja Du meinst sicher das mit dem Schild, auf dem „Schule" steht.

Babbel Genau! Das ist unsere Schule!

Sonja *(voller Bewunderung)* Autos, Schneefrauen, eine Schule und eisige Süßigkeiten. – Babbel, bei euch gibt es ja wirklich alles!

Babbel *(wird traurig)* Alles? – Ach nein. Leider nein! Nicht alles! *(lässt den Kopf hängen)*

Sonja Warum bist du plötzlich so traurig? Was gibt es denn nicht?

Babbel *(seufzt)* Hunde. Leider gibt es hier keine Hunde. Und ein kleines Hündchen, das wünsch ich mir doch schon so lange!

***Sonja** legt ihm den Arm um die Schultern, um ihn zu trösten.*

Schneejunge *(zum **Schneemädchen**)* Wie viele Gletschergroschen hast du noch?

Schneemädchen Drei!

Schneejunge Ich hab noch fünf. Prima, dafür kriegen wir auf jeden Fall zwei Schneeschaumküsse, zweimal Lawinenlakritz und Gletschergummi.

Schneemädchen Ich möchte unbedingt einen Eiszapfenlutscher haben.

Frost-Frieda Na, ihr zwei? Was soll's denn heute sein?

Schneemädchen Einen Eiszapfenlutscher und zwei Schneeschaumküsse …

Schneejunge Und zweimal Lawinenlakritz, einen Eismops …

Schneemädchen Und Gletschergummi …

Frost-Frieda Nur Naschkram? Nichts Gesundes? Ich habe heute ganz frische Frostfrikadellen. Wie wär's denn damit?

Schneejunge Nee! Kein Bedarf! Zu viele Nährstoffe!

Schneemädchen Für mich auch nicht. Frostfrikadellen gab's bei uns gestern zum Mittagessen. Das reicht mir!

*Während **Frost-Frieda** den **Schneekindern** die Süßigkeiten gibt und diese bezahlen, unterhalten sich **Babbel** und **Sonja**.*

Sonja Eisige Süßigkeiten … Schade, dass ich kein Schneemannlandgeld habe. Diese Süßigkeiten würde ich zu gerne mal probieren.

Babbel Natürlich, Sonja. Kein Problem. Du bist mein Gast! Ich lade dich ein!

***Babbel** führt **Sonja** zu **Frost-Frieda** und den **Schneekindern**.*

Babbel *(zu den **Schneekindern**)* Hallo, ihr beiden! Tag, Frost-Frieda! Darf ich euch Sonja vorstellen? Sie hat mich letztes Jahr gebaut! – Frost-Frieda, die junge Dame möchte gerne einmal deine Leckereien probieren. Was kannst du uns heute empfehlen?

Frost-Frieda Wie gesagt … *(zwinkert den **Schneekindern** zu)* Frostfrikadellen! Heute ganz frisch!

Schneejunge Nein! Die nicht! Die sind unglaublich gesund!

Schneemädchen Probier doch lieber das hier! Total lecker!

*Das **Schneemädchen** hält ein wenig Eiskonfekt in die Höhe.*

Sonja Was ist das? Sieht fast aus wie unser Eiskonfekt.

Schneejunge Eiskonfekt? Kenn ich nicht!

Schneemädchen Na, sie meint das hier! Unsere Eismöpse!

Sonja *(kichert)* Wie heißt das bei euch? Eismöpse? Witzig! Sind die auch schön kalt und fest?

Frost-Frieda Natürlich. Eismöpse müssen doch kalt sein. Sonst kann man sie gar nicht essen!

Schneejunge Warme Eismöpse! Igitt, da läuft einem ja die ganze matschige Schokolade über den Bauch!

Sonja Eure Eismöpse sind auch aus Schokolade? Genau wie unser Eiskonfekt. Aber Mama vergisst immer, es in den Kühlschrank zu legen und dann …

Schneemädchen … werden die Eismöpse weich und matschig. Na ja, das kann dir hier zum Glück nicht passieren!

Babbel Also, Frost-Frieda, einen Eismops für die junge Dame und einen Eiszapfenlutscher, etwas Lawinenlakritz, einen Schneeschaumkuss, eine Tüte kühle Knusperkekse mit Hagelzucker, ein bisschen Eiskristallkandis, drei Gletschergummis, zwei von den Firnfrosties und eine harte Harschhimbeere gleich auf die Faust.

Frost-Frieda *steckt* ***Sonja*** *ein rötlich-weißes Bonbon in den Mund und sucht die anderen Süßigkeiten zusammen.*

Sonja Wow, ist das kalt! Das klebt ja richtig an der Zunge fest vor Kälte!

Schneejunge Aber wenn es sich dann auflöst …

Schneemädchen … und der süße Saft durch die Kehle rinnt …

Schneejunge und Schneemädchen … dann schmeckt es köstlich!

Sonja *(lutscht und nickt)* Stimmt! Super! *(streicht sich über den Bauch)*

Babbel *(zu* ***Frost-Frieda****)* Pack ihr den Rest ein, bitte. Sie muss ja bald wieder nach Hause. Dann hat sie ein bisschen Reiseproviant.

Sonja Ich kann alles in meine Schlafanzugtasche stecken. Die ist groß genug.

Frost-Frieda *gibt ihr die Süßigkeiten, die* ***Sonja*** *in die Schlafanzugtasche steckt.*

Frost-Frieda Also dann, Sonja. Gute Reise!

Sonja Vielen Dank und auf Wiedersehen!

Frost-Frieda *(zu den* ***Schneekindern****)* Und ihr beiden solltet nun auch schnell nach Hause gehen. Eure Eltern warten sicher schon auf euch!

Schneejunge Klar, Frost-Frieda. Du hast recht. Auf Wiedersehen. Auf Wiedersehen, Sonja! *(geht winkend ab)*

Schneemädchen Bis bald, Babbel. Ciao, Frost-Frieda. Alles Gute, Sonja! *(geht ab)*

Sonja Auf Wiedersehen! Auf Wiedersehen! *(winkt den beiden hinterher)*

Frost-Frieda So, ich muss nun auch los. War nett, dich kennengelernt zu haben, Sonja. Gute Reise! – Tschüss, Babbel! Bis bald!

Frost-Frieda *geht ab.* ***Sonja*** *und* ***Babbel*** *winken.*

Sonja Vielen Dank, Babbel, für die leckeren Süßigkeiten. Aber du hast recht, ich muss nun wohl wieder nach Hause.

Babbel Ich bring dich noch ein Stück!

Sonja *und* ***Babbel*** *gehen quer über die Bühne. Sie laufen an einem weißen Tuch vorbei, auf dem eine Kastanienkette liegt.*

Sonja Guck mal, Babbel. Was da liegt!

Babbel Ja, was könnte das sein? – Eine Kette?

Sonja Eine Kastanienkette! Babbel, die sieht genauso aus, wie die Kette, die ich meinem neuen Schneemann …

Babbel *(nickt)* Wenn dein Schneemann bei euch ganz geschmolzen ist, dann wird er hier bei uns wieder lebendig. Seine Kette ist schon hier.

Sonja Wird er dann genau an dieser Stelle hier erscheinen? *(zeigt auf das weiße Häufchen)*

Babbel Genau dort, wo jetzt die Kette liegt.

Sonja Toll! – Du, Babbel, tust du mir einen Gefallen? Grüß doch bitte meinen Schneemann ganz lieb von mir.

Babbel Aber klar, Sonja! Das mach ich.

Sonja Auf Wiedersehen, Babbel – und vielen, vielen Dank!

Babbel Leb wohl, Sonja. – Und: keine Ursache. *(geht winkend ab)*

Sonja *bleibt in der Mitte der Bühne stehen und klopft nachdenklich auf ihre Schlafanzugtasche mit den Süßigkeiten. Das Licht geht langsam aus. Musik. Vorhang zu. Vor dem Vorhang bleibt nur das weiße Häufchen liegen, das einmal der Schneemann war. Im Dunkeln wird die Kastanienkette entfernt und ein Hündchen aus weißen Styroporkugeln unter das Tuch gelegt.*

4. Szene

Die Musik klingt aus. Das Licht geht wieder an.

Mama *(ruft aus dem Off)* Guten Morgen, Sonja! Es ist Zeit zum Aufstehen, mein Schatz! – Was ist denn das? Deine Schlafanzugjacke ist ja ganz feucht! Was ist denn da passiert?

***Sonja** tritt auf, barfuß und mit einem feuchten Fleck um ihre Schlafanzugtasche. Sie wendet sich beim Sprechen zurück.*

Sonja Ich erklär es dir später, Mama. Ich muss nur schnell was nachschauen!

***Sonja** läuft ein paar Schritte auf den Schneemannresthaufen zu. Sie bleibt stehen und befühlt die feuchte Schlafanzugtasche.*

Sonja Schade! Die Süßigkeiten sind geschmolzen, bevor ich sie probieren konnte. So ein Pech!

Mama *(ruft aus dem Off)* Sonja, du gehst doch nicht etwa in den Garten?

Papa *(ruft aus dem Off)* Kind! Nicht einmal Schuhe hast du an!

Mama *(tritt auf)* Sonja! Komm sofort wieder rein! Du holst dir ja den Tod!

Papa *(folgt **Mama**)* Na ja, vielleicht nicht gleich den Tod, aber doch zumindest eine dicke Erkältung!

***Sonja** geht ganz nah an den Schneehaufen heran und sieht ihn sich an. **Papa** kommt zu ihr und legt den Arm um sie.*

Papa Sei nicht traurig, Schatz!

Sonja Die Kette ist nicht mehr da!

Papa Bestimmt hat ein Tier sie geholt, um die Kastanien zu essen.

Sonja *(entrüstet)* Nein! – Sie ist im Schneemannland!

Papa *(zu **Mama**)* Schau mal, wie glücklich Sonja aussieht!

Mama Seltsam. Sonst war sie doch immer so traurig, wenn ihre Schneemänner geschmolzen sind …

***Opa** tritt auf. Er trägt Sonjas Stiefel in der Hand und beobachtet sie lächelnd.*

Papa Sonja? Was hast du gesagt? Wo ist die Kastanienkette?

Sonja Die Kastanien sind im Schneemannland!

Mama und Papa Wo?

Sonja *(zwinkert **Opa** zu)* Fragt doch Opa!

***Sonja** hockt sich hin und beginnt aus dem Schneerest etwas zu bauen.*

Mama Sonja! In der Kälte! Und auch noch barfuß!

Opa Ich hab deine Stiefel mitgebracht, Sonja. Zieh die doch wenigstens schnell an.

Sonja Na gut.

***Sonja** nimmt die Stiefel und schlüpft schnell hinein, dann hockt sie sich wieder vor den Haufen und baut weiter.*

Mama Was machst du denn da, Sonja?

Papa Der Schneerest reicht bestimmt nicht mehr für einen Schneemann.

Sonja Ich bau ja auch gar keinen Schneemann. Ich bau sowieso etwas anderes.

Mama Was sie nur immer für Ideen hat, unsere Tochter.

Papa Ich weiß auch nicht, was ich davon halten soll.

***Opa** schmunzelt. Alle drei gehen zu **Sonja**. Die holt den Styroporhund unter dem Tuch hervor und stellt ihn auf. Sie wischt sich die Hände ab und betrachtet stolz ihr Werk.*

Mama Oh, ein kleines Hündchen!

Papa Das hast du ja prima hingekriegt, Sonja!

Opa Wirklich süß ist es geworden!

Sonja Hoffentlich schmilzt es ganz schnell!

Papa *und* ***Mama*** *schauen sich entgeistert an,* ***Opa*** *lächelt.*

Papa *(verwirrt)* Kann mir vielleicht mal jemand erklären, was hier los ist?

Sonja *blinzelt* ***Opa*** *zu.* ***Alle außer Sonja*** *„frieren ein" (erstarren in ihrer Bewegung).* ***Sonja*** *tritt an den Bühnenrand. Spot auf sie. Bühnenlicht aus.*

Sonja Ich finde, Eltern brauchen nicht alles zu wissen!

Spot aus. Musik. Vorhang.

2. Stück: Weihnachten beim Maulwurf

Spieldauer
elf Szenen, ca. 45 Minuten

Anzahl der Personen
Soll das Theaterstück exakt so gespielt werden, wie es hier abgedruckt ist, brauchen Sie ohne Chor 20 Kinder. Wollen Sie mehr als 20 Schauspieler beschäftigen, so eignen sich die 5. und die 8. Szene dafür, die Anzahl der Darsteller aufzustocken. Darin können beliebig viele Ameisen oder Kaninchenkinder auftreten. Andererseits können Sie die Personenzahl bequem reduzieren, indem Sie einzelne Szenen weglassen. Lediglich die 1., 9., 10. und 11. Szene dürfen auf keinen Fall weggelassen werden.

Bühnenbild
Auf der Bühne oder Spielfläche sind rechts die Stube der Wichtel und links die Höhle des Maulwurfs aufgebaut. Die Wichtelstube ist in hellen, freundlichen Farben mit bunten Tüchern oder Kissen gestaltet, an der Wand hängt ein Bild. Die Maulwurfshöhle dagegen sieht eher dunkel aus: Erdtöne, Braun und Schwarz herrschen vor. Beide Schauplätze sind während der gesamten Aufführung zu sehen.

Im vorderen Teil der Bühne wird eine größere freie Fläche benötigt, auf der Franz hin- und herspazieren kann.

Der Wald kann mit einfachen Mitteln, zum Beispiel durch ein grünes Tuch, einen gemalten Strauch oder ein paar Plastikblätter angedeutet werden.

Um den Schnee vor der Maulwurfshöhle und den Laubhaufen, in dem der Igel seinen Winterschlaf hält, darzustellen, eignen sich entsprechend gestaltete Decken oder Tücher.

Auf der Spielfläche steht ein kleiner Stuhl, an dem ein paar kahle Zweige mit Blumendraht befestigt sind. Diesen Stuhl kann die Eule als Baumstumpf benutzen und so auf Franz herabsehen. Die Eule kann aber auch einfach auf dem Boden sitzen.

Kostümvorschläge
- Wichtel Franz: Lederhose, kariertes Hemd, Zipfelmütze; Schal und Handschuhe in 10. Szene
- Wanda: Dirndl oder Rock, weiße Bluse und Schürze
- Igel: langes Nachthemd, Kuscheltier im Arm, mit sehr viel Gel und Haarlack zu Stacheln frisierte Frisur, einen dicken schwarzen Punkt auf der Nase (verleiht dem Gesicht etwas Igelartiges)
- Schwalbe und Eule: Schnäbel aus Tonkarton, mit Sicherheitsnadeln an den Pulloverärmeln befestigte Tücher oder ein mit Federn benähter Umhang als Flügel
- Maus: graue Kleidung, langes Mauseschwänzchen, Mauseohren aus grauem Tonkarton an einem Haarreif
- Schafe: weiße oder hellgraue Wollpullover, mit Wolllocken benähte Mützen
- Ziege: Ziegenbärtchen, Ziegenschwänzchen, kleine Tonkartonhörner an einem Haarreif
- Ameisen: dunkle Kleidung (schwarze oder braune T-Shirts und Hosen), Fühler aus Pfeifenreinigern an Haarreifen, Tonkartonmasken mit großen, runden Augen oder große Brillen
- Kaninchen: weiße und braune Kleidung mit Stummelschwänzchen aus weißen Wollkugeln, Hasenmasken oder Hasenohren aus Tonkarton
- Maulwurf Max: schwarze Kleidung, eine sehr große Brille (als Zeichen seiner an Blindheit grenzenden Kurzsichtigkeit), Armbinde und Blindenstock
- Rehe: braune Kleidung
  - Rehkitz: weiße Punkte aus Tonkarton oder Stoff auf Pullover und Hose
  - Rehbock: Geweih aus Tonkarton
  - Ricke: zwei kleine Hörner

Requisiten
- Tischchen mit Blumenvase und zwei Stühle für die Wichtelstube
- Teekanne und zwei Becher
- Buch oder Zeitung für Franz
- Strickzeug für Wanda
- Bild oder Blumenvase für die Wichtelstube
- Korb, Stift und überdimensional großer Einkaufszettel für die Maus
- Reiseutensilien für die Schwalbe, z. B. ein kleiner Koffer, Rucksack, Fotoapparat, Kompass, Regenschirm
- Heuballen für die Schafe (große Pappkartons ringsum mit echten Strohhalmen oder mit Attrappen aus Tonkarton bekleben oder bemalen)
- Stalllaterne für die Ziege und später für den Maulwurf (eine einfache Weihnachtslaterne aus Plastik oder eine Baustellenlaterne)
- Lasten (Kisten, Taschen, Kartons) für die Ameisen
- kleine Stoffmaus für die Eule
- buntes Päckchen als Weihnachtsgeschenk von Franz für den Maulwurf
- Schüssel mit Erdnusswürmern
- Räucherstäbchen (Attrappen)
- Weihnachtsdekoration für die Wichtelstube, z. B. ein Tannenzweig in einer Vase, Sterne, Kerzen, eine Weihnachtskrippe
- Schüsselchen mit Weihnachtskeksen

Weiterführende Anregungen für den Unterricht

Im Zusammenhang mit diesem Theaterstück bietet es sich an, über die unterschiedlichen weihnachtlichen Traditionen in den Familien Ihrer Schüler zu sprechen. Je nachdem, welche Nationalitäten in Ihrer Klasse versammelt sind, werden sich die weihnachtlichen Rituale, die den Kindern vertraut sind, sehr unterscheiden. Im Stuhlkreis berichtet jeder Schüler, wie bei ihm zu Hause Weihnachten gefeiert wird. Mit diesen Fragen können Sie ein Unterrichtsgespräch initiieren: „Wie verbringst du die Adventszeit?“, „Was isst du am Heiligen Abend?“, „Wie verläuft dein Weihnachtsabend?“, „Was ist für dich das Wichtigste an Weihnachten?“ etc.

Lassen Sie jeden Schüler ein paar selbst gebackene Weihnachtskekse mitbringen, von denen die ganze Klasse, vielleicht im Rahmen einer vorweihnachtlichen Vorlesestunde im Klassenverband, probieren darf.

Lassen Sie die Kinder einen kurzen Text zu dem Thema „Unser Weihnachtsfest“ schreiben oder Bilder malen, auf denen die Kinder darstellen, wie sie zu Hause feiern. Schreiberfahrenere Schüler der 3. und 4. Klassen haben sicher Spaß daran, Fantasiegeschichten mit den Titeln „Weihnachten im Karpfenteich“, „Weihnachten bei den Spatzen“, „Papageienweihnacht“ o. Ä. zu schreiben. In Anlehnung an die unterschiedlichen „Tier-Weihnachtsfeiern“ des Theaterstücks können die Kinder auch Bilder vom Weihnachtsfest der Regenwürmer, Fische, Käfer etc. anfertigen. Alle Arbeiten, die im Zusammenhang mit dem Theaterstück entstehen, werden am Tag der Aufführung für die Besucher ausgestellt.

Weihnachten beim Maulwurf

Rollen

Chor
Wichtel Franz
Wichtelfrau Wanda
Maus
Igel
Schwalbe
Ziege
Schaf 1
Schaf 2
Ameise 1
Ameise 2
Ameise 3
Ameise 4
Ricke
Rehkitz
Rehbock
Eule
Kaninchenmutter
Kaninchenkind 1
Kaninchenkind 2
Maulwurf Max

---

1. Szene

*Der **Igel** liegt unter seinem Igeltuch, sein Kopf kann für die Zuschauer ein wenig zu sehen sein. Die Wichtel **Franz** und **Wanda** sitzen gemütlich in der Wichtelstube und trinken Tee, auf dem Tisch stehen eine Teekanne und zwei Becher. **Franz** liest ein Buch oder Zeitung, **Wanda** strickt.*

Chor

Mit seiner Frau lebt Franz alleine
im Wurzelhaus am großen Baum.
Die beiden haben eine kleine
Behausung dort am Waldessaum.

Sie haben es so schön gemütlich,
die Wohnstube ist wunderbar.
Franz lebt mit Wanda hier sehr friedlich.
Im Wichtelhaus ist alles klar!

Wanda

Ach, bald ist Weihnachten. Darauf freu ich mich schon so.

Franz

Weihnachten? Das ging ja wieder schnell. Was machen wir denn dieses Jahr?

Wanda

Wir feiern, so wie immer. *(steht auf und geht in der Stube hin und her)* Schau, hier wird wieder der Stern hängen und wir nehmen doch rote Kerzen, nicht wahr? Und dort stellen wir die Weihnachtskrippe mit den beiden kleinen, süßen Schafen auf. Und ich werde Plätzchen backen, wie jedes Jahr. *(leckt sich genießerisch die Lippen, verträumt)* Mit Mandeln und Zimt, mit Schokolade, Zuckerguss und Marzipan. Und dann kochen wir uns einen Karpfen. Mit zerlassener Butter, Meerrettich und Kartoffeln. Lecker!

Franz *(seufzt)* Wie jedes Jahr. Wie immer. – Schafe und Plätzchen, Mandeln und Meerrettich, Kerzen und Karpfen! *(seufzt tief, dann plötzlich)* Weißt du was, Wanda? Ich finde das langweilig. Immer das Gleiche. Ich möchte mal was Neues erleben!

Wanda *(verblüfft)* Was Neues? Ausgerechnet an Weihnachten? Was denn?

Franz *(tatendurstig)* Ich möchte einfach mal woanders feiern!

Wanda Woanders? Nicht hier bei mir? Wo denn dann?

Franz Keine Ahnung. Vielleicht bei der Maus. Oder beim Maulwurf – eben irgendwo anders! Kommst du mit, Wanda?

Wanda *(sehr erschrocken)* Ich? Zum Maulwurf? An Weihnachten? Nein, Franz. Ich will Weihnachten hier zu Hause sein.

Franz *(energisch)* Gut, dann nicht. Aber ich will anders feiern als sonst. Und wenn ich bei irgendwelchen alten Geiern feiern sollte – ich will was Besonderes erleben. *(steht auf und verlässt die Wichtelhöhle)*

Chor

Nur Weihnachten kann Franz nicht leiden.
Er sagt, er kennt es zu genau!
Die Krippe mit den Schafen beiden,
die Plätzchen und dann „Karpfen blau".

Dies Jahr will Franz woanders feiern –
beim Maulwurf oder bei der Maus.
Von ihm aus auch bei alten Geiern …
Hauptsache: nicht bei sich zu Haus!

2. Szene

Franz *spaziert durch den Wald und sieht sich um. Die* ***Maus*** *kommt mit Korb, Einkaufszettel und Stift sehr geschäftig angeeilt.*

Maus *(spricht unaufhörlich und hektisch vor sich hin)* Ach, ach, ach! Wenn ich nur nichts vergesse. – So viel ist zu bedenken. Haben wir auch genug Haselnüsse? *(wühlt in ihrem Korb)* Ja, Gott sei Dank. – Aber Wurzeln fehlen mir noch. *(sucht auf der Einkaufsliste)* Und natürlich ein wenig Käserinde für die lieben Kleinen. Weihnachten ohne Käserinde wär wirklich undenkbar. Wie soll ich das bloß alles schaffen? Und vielleicht Kuchen? Wenn ich nur wüsste, woher ich dieses Jahr den Kuchen nehmen soll! In den Speisekammern der Menschen ist immer alles so gut verpackt und hier im Wald …

Die ***Maus*** *sucht verzweifelt und findet nichts. Während sie jammert und seufzt, verbeugt sich* ***Franz*** *mehrfach vor ihr, um sie zu begrüßen. Er öffnet auch ab und zu den Mund, um etwas zu sagen, aber die* ***Maus*** *scheint ihn gar nicht zu bemerken.*

Maus Oje! Oje! Weihnachten hab ich aber auch immer entsetzlich viel zu tun! Jedes Jahr die viele Arbeit. Mit zwölf Kindern muss man wirklich an tausend Dinge denken. Schrecklich, wenn eins meiner Kleinen am Weihnachtsabend unglücklich wäre, weil irgendetwas fehlt. Kaum auszudenken!

Franz *versucht erneut, etwas zur* ***Maus*** *zu sagen, und diesmal bemerkt sie ihn.*

Maus Ach, du bist es. Hallo, Franz! – Hab ich eigentlich Kerzen? – Halt mal bitte eben.

Die ***Maus*** *drückt* ***Franz*** *den Zettel und den Stift in die Hände und wühlt wieder in ihrem Korb, dabei murmelt sie die ganze Zeit aufgeregt.*

Franz Grüß dich, Maus! Sag mal – kann ich dich und deine Kinder vielleicht in diesem Jahr am Heiligen Abend besuchen? Ich würde gerne mal …

Maus *(schaut erschrocken auf)* Besuchen? Uns? Am Heiligen Abend? – Nein danke!

Die ***Maus*** *rafft schnell Korb, Zettel und Stift zusammen und eilt kopfschüttelnd hinaus.*

Maus Auch noch Besuch. Als hätte ich nicht genug zu tun! Nein! Nein danke! *(geht ab)*

Franz *steht einen Augenblick verdutzt da, dann zuckt er mit den Schultern und wandert weiter durch den Wald, während der* ***Chor*** *singt.*

Chor

Der Wichtel Franz ist losgezogen
und hat bei Freunden angefragt.
Die Maus jedoch hat – ungelogen –
„Nein danke!“ zu dem Franz gesagt.

Die Maus, die kann den Franz nicht brauchen
mit ihrer großen Kinderschar.
Sie kann vor Arbeit kaum noch krauchen.
Auch noch Besuch? Das geht nicht, klar!

3. Szene

***Franz** wandert durch den Wald und sucht, wobei er zunehmend hastiger wird und sich ab und zu den Schweiß abwischt. Den **Igel**, der schon die ganze Zeit unter seinem Igeltuch liegt, hat er bis jetzt nicht entdeckt.*

Chor Der Igel liegt in einem Haufen
rot-gelber Blätter, gut geschützt.
Da kommt der Wichtel Franz gelaufen
und sucht den Igel, bis er schwitzt.

Franz *(entdeckt den Igelhaufen)* Da! Ich glaube, da hat sich der Igel versteckt. Den werde ich jetzt fragen. Ich bin schon gespannt, wie die Igel Weihnachten feiern.

***Franz** bückt sich und entfernt ein wenig von dem Blätterhaufen, sodass der schlafende **Igel** zum Vorschein kommt.*

Igel *(blinzelt verschlafen, streckt sich und gähnt herzhaft)* Uuuah! – Ist der Winter schon vorbei? Muss ich jetzt aufstehen?

Franz Nein, nein! Der Winter ist noch nicht vorbei. Aber es ist doch bald Weihnachten und da wollte ich …

Igel *(gähnt)* Weihnachten ist noch nicht vorüber? Welch ein Glück! Dann kann ich ja weiterschlafen! *(will sich wieder in seinen Laubhaufen kuscheln)*

Franz Halt, Igel! Nicht gleich wieder einschlafen! Ich wollte dich fragen, ob ich bei dir Weihnachten feiern kann!

Igel Ach, du bist auch müde? Klar kannst du Weihnachten bei mir schlafen. Krabble ruhig zu mir zwischen die Blätter.

*Der **Igel** hält die Decke ein wenig hoch, damit **Franz** zu ihm kriechen kann, schläft aber sehr schnell wieder mit leisem Schnarchen ein.*

Franz Nein, Igel, warte! Ich will doch nicht bei dir schlafen. Ich möchte gerne mit dir Weihnachten feiern.

Igel *(sehr verschlafen)* Feiern? Aber Franz, Weihnachten schlafe ich. Entweder du schläfst auch oder du lässt mich in Ruhe.

*Der **Igel** legt sich hin, zieht sich die Decke über den Kopf und schläft.*

Franz Weihnachten verschlafen? Wie langweilig! Nein, das möchte ich auf keinen Fall. – Ich werde jemand anderen fragen.

***Franz** sieht sich um, da flattert die **Schwalbe** an ihm vorüber. Sie hat z. B. einen kleinen Koffer, einen Fotoapparat und einen Regenschirm dabei.*

Franz Hallo, Schwalbe! Warte mal. Ich möchte dich gerne etwas fragen.

Schwalbe Hallo, Franz! Du, ich hab's sehr eilig. Wir fliegen gleich los, die anderen warten schon.

Franz Wieso fliegt ihr los? Es ist doch bald Weihnachten und da …

Schwalbe Eben, Franz, eben! Bald ist Weihnachten und wir sind immer noch nicht abgereist! Jetzt wird's wirklich Zeit. Es ist ja schon kalt. Und wenn der erste Schnee fällt, dann ist es für uns zu spät!

Franz Wohin wollt ihr denn fliegen?

Schwalbe Wir fliegen nach Afrika, wie jedes Jahr. Ich mach dort immer Urlaub mit meinen Verwandten. Wir reisen alle gemeinsam. Herrlich! In Afrika scheint die Sonne und es ist warm. Ein wunderbarer Platz, um sich zu erholen. Aber jetzt muss ich wirklich los, die anderen werden nicht ewig auf mich warten. Und alleine reisen – das will ich auf gar keinen Fall. Leb wohl, Franz! Bis nächstes Jahr! *(winkt und flattert davon)*

Franz *(winkt ihr hinterher)* Auf Wiedersehen! Bis bald und gute Reise! *(nachdenklich)* Die Schwalbe verreist. Über Weihnachten! Nein, so was. Na ja, wahrscheinlich feiert sie dort, in Afrika. Aber ich, ich weiß immer noch nicht, was ich am Heiligen Abend machen werde … *(schaut sich suchend um)*

Chor
Der Igel, der will lieber schlafen.
Die Schwalbe fliegt nach Afrika.
Drum geht der Wichtel zu den Schafen
und findet auch die Ziege da.

4. Szene

Schaf 1 *und* ***Schaf 2*** *schleppen Heuballen und mühen sich damit ziemlich ab. Sie schieben und zerren mit aller Kraft, die Heuballen scheinen aber sehr schwer zu sein und sie kommen nur sehr langsam voran.*
Die ***Ziege*** *trägt eine Stalllaterne und beaufsichtigt die beiden Schafe.*
Franz *schaut erstaunt zu.*

Schaf 1 Oje, ist das anstrengend!

Schaf 2 Und das ist erst der dritte Heuballen!

Schaf 1 *(zur* ***Ziege****)* Wie viele Heuballen brauchen wir noch?

Die ***Ziege*** *hält die Laterne hoch, um besser zu sehen.*

Ziege Mindestens noch zehn Stück!

Schaf 2 *(entsetzt)* Wie viele?

Schaf 1 Ich hab zehn verstanden, aber das kann ja wohl nicht sein.

Ziege Aber natürlich! Wir wollen es doch an Weihnachten gemütlich haben, oder nicht?

Schaf 2 Ja, schon. Ich mag es gerne gemütlich …

Schaf 1 Aber wenn wir weiter so schuften müssen, dann bin ich an Weihnachten vor lauter Erschöpfung krank!

Schaf 2 Genau! Ich auch! *(lässt sofort den Heuballen los)*

Ziege Meine Güte! Immer dieses Gejammer. Schaut mich an. Ich trage die Laterne, ohne mich zu beklagen, und meckere nicht dauernd.

Schaf 1 *(zu* ***Schaf 2****)* Das stimmt. Sie meckert nicht! – Komm, wir machen auch weiter.

Schaf 2 *zögert, es hat keine Lust.*

Ziege Dein Freund hat recht. Wenn wir es an Weihnachten gemütlich haben wollen, dann müssen wir auch etwas dafür tun. Wir brauchen das Heu und die Laterne, damit es im Stall schön kuschelig wird.

Franz *(tritt dazu)* Habe ich richtig gehört? Ihr drei feiert zusammen Weihnachten im Stall?

*Die **Ziege, Schaf 1** und **Schaf 2** nicken.*

Franz Könnte ich euch am Heiligen Abend vielleicht besuchen? Und mit euch feiern? – Ich würde auch bei den Vorbereitungen helfen.

Ziege *(begeistert)* Du würdest uns sogar helfen? Aber klar doch! Dann kannst du natürlich mitfeiern. – Hier, halt mal!

*Die **Ziege** drückt **Franz** die Laterne in die Hand und geht ein wenig zur Seite, wo sie sich gemütlich niederlässt, um sich auszuruhen.*
*Die beiden **Schafe** haben sich schon sehr über die Hilfe gefreut und **Franz** den Heuballen hingehalten, jetzt schauen sie sich enttäuscht an.*

Schaf 2 Oooch! Ich dachte, er hilft uns. Stattdessen trägt er nur die Laterne!

Schaf 1 Wirklich, zu dumm! Wir müssten uns auch mal ausruhen!

Franz *(gibt **Schaf 1** die Laterne)* Kein Problem. Wenn ich mit euch Weihnachten feiern darf, dann trage ich auch das Heu in den Stall.

***Franz** hebt den ersten Heuballen auf und trägt ihn an die Seite der Bühne. Während er geht, fängt er an ganz furchtbar zu niesen. Immer noch niesend kommt er zurück.*

Schafe und Ziege *(bei jedem Niesen laut und deutlich)* Gesundheit! – Prosit! – Wohl bekomm's!

***Franz** trägt den zweiten Heuballen weg. Noch bevor er den Bühnenrand erreicht, muss er so stark niesen, dass er den Heuballen fallen lässt.*

Franz *(traurig)* Es tut mir leid, aber ich werde wohl kaum mit euch feiern können. Ich habe Heuschnupfen. Dieser Heuduft kitzelt so in meiner Nase, dass ich ununterbrochen niesen muss. Einen ganzen Abend im Stall – das halte ich bestimmt nicht aus! *(geht niesend zur Seite ab)*

Schaf 2 Schade, weg ist er! Es wäre nett gewesen, Weihnachten Besuch zu haben …

Schaf 1 Sicher. Aber wenn er doch so starken Heuschnupfen hat … Weißt du was? Wir beide tragen jetzt nur noch die Laterne – und die letzten Heuballen, die kann die Ziege, diese Zicke, in den Stall bringen!

Beide ***Schafe*** *gehen kichernd mit der Laterne ab.*

Ziege *(springt entrüstet auf)* Wie denn? Wo denn? Was denn? – Ich soll jetzt das Zeug tragen? – Aber … He! Kommt zurück! Sofort! *(zuckt mit den Schultern)* Sie sind weg. Mir bleibt wohl nichts anderes übrig. *(schultert den Heuballen und geht ebenfalls ab)*

Chor

Im Heu, da muss der Franz stets niesen.
Er mag das überhaupt nicht gern.
Das würd ihm Weihnachten vermiesen,
drum bleibt dem Stall er lieber fern.

5. Szene

*Die **Ameisen 1 bis 4** rennen emsig über die Bühne und transportieren ihre Lasten von einer Seite der Bühne zur anderen und zurück. Das Abstellen und Neuaufnehmen eines Gepäckstücks kann jeweils ein wenig umständlich gestaltet werden. Die **Ameisen** dürfen nie stehen bleiben, auch dann nicht, wenn sie **Franz** antworten, um Betriebsamkeit und auch ein wenig Hektik zu verbreiten. Ab und zu läuft eine **Ameise** rückwärts und zieht oder schiebt eine Last. Manchmal tragen auch zwei **Ameisen** gemeinsam ein Teil.*

Chor

Franz ist noch immer auf der Suche
nach einem andern Weihnachtsfest.
Was krabbelt denn da bei der Buche?
Ob man ihn dort mitfeiern lässt?

***Franz** niest ein letztes Mal und betrachtet erstaunt die **Ameisen**, die an ihm vorüberwuseln.*

Franz

Was ist denn hier los? Das kribbelt und krabbelt, das wuselt und wieselt ja wie wild. – Hallo, ihr Ameisen! Könnt ihr mal kurz Pause machen? Ich würde euch gerne was fragen.

Ameise 1

(im Vorübergehen) Pause? Ich glaub, ich spinne!

Ameise 2

(eilt herbei) Platz da! Platz da! *(saust vorüber)*

***Ameise 3** kommt angerannt.*

Franz

*(zu **Ameise 3**)* Entschuldigung. Bitte, bleib doch mal einen Moment stehen, ich …

Ameise 3

Nix da, stehen bleiben! Ich hab zu tun!

*Nun wendet sich **Franz** immer wieder an die vorbeieilenden **Ameisen**, aber sobald er den Mund aufmacht, um etwas zu fragen, kommen die **Ameisen** ihm zuvor:*

Ameisen

Keine Zeit! – Ich hab zu tun! – Die Pflicht ruft! – Wir haben so viel Arbeit! – Ich kann doch keine Pause machen! – Ich hab's eilig! – Mensch, stör mich nicht! – Geh aus dem Weg! – Lass mich in Ruhe! – Nerv nicht! – Siehst du nicht, was hier los ist?

*Schließlich läuft **Franz** neben **Ameise 4** her.*

Franz

Was macht ihr denn an Weihnachten? Könnte ich nicht mit euch feiern?

Ameise 4 *(lacht)* An Weihnachten? Feiern? *(zu den anderen **Ameisen**)* Habt ihr das gehört? Franz will mit uns Weihnachten feiern!

***Alle Ameisen** lachen laut und arbeiten kopfschüttelnd weiter.*

Franz *(völlig verdutzt)* Was ist denn daran so komisch? Das war doch nur eine Frage.

***Alle Ameisen** legen gleichzeitig ihre Lasten ab und stemmen die Hände in die Hüften.*

Ameisen *(im Chor)* Wir – feiern – nicht! – Wir – arbeiten! – Immer!

*Die **Ameisen** nehmen verständnislos kichernd ihre Tätigkeiten wieder auf.*
***Franz** ist ein wenig außer Atem. Er beobachtet die **Ameisen** fassungslos, bis sie alle ihre Lasten wieder an die Bühnenränder gebracht haben.*

6. Szene

***Franz** ist noch ein wenig benommen von der Betriebsamkeit der Ameisen. Erschöpft setzt er sich hin und ruht sich aus. Während das Lied gesungen wird, sieht man ihm seine Verzweiflung deutlich an.*

Chor
Die Ameisen sind flink verschwunden.
Sie hatten einfach keine Zeit.
Franz hat noch immer nichts gefunden
und Weihnachten ist nicht mehr weit!

*Die **Ricke,** der **Rehbock** und das **Rehkitz** treten auf und wandern durch den Wald. Vor **Franz** bleiben sie stehen.*

Ricke Hallo, Franz! Was ist denn mit dir los? Du siehst ja nicht besonders zufrieden aus.

Franz Ach, es ist wie verhext! Ich suche Freunde, mit denen ich Weihnachten feiern kann, aber ich finde einfach niemanden. Keiner hat Zeit. Entweder sie schlafen oder sie verreisen oder sie arbeiten. Ich weiß gar nicht mehr, wen ich noch fragen soll.

Rehkitz *(springt aufgeregt um seine Eltern herum)* Mama! Papa! Der Franz kann doch mit uns feiern! Das wär doch toll! Bitte, Mama! Bitte, Papa!

Rehbock *(lachend)* Nun beruhige dich mal, mein Kind. *(zur **Ricke**)* Was meinst du? Franz könnte uns doch am Heiligen Abend begleiten, nicht wahr?

Rehkitz *(sehr aufgeregt)* Au ja, Mama! Der Franz soll zu uns kommen! Sag ja, Mama!

Ricke *(lächelnd)* Aber natürlich, mein Kleines. Wenn du es dir so wünschst. Und wenn Franz das auch möchte, dann kann er gerne mit uns in den Wald gehen und Weihnachten feiern.

Rehkitz *(hüpft begeistert auf der Bühne herum und singt mehrmals)* Wir feiern mit dem Franz dies' Jahr! Hurra, das ist doch wunderbar!

Franz *(schaut erstaunt auf)* Hast du gerade gesagt, dass ihr zum Feiern in den Wald geht?

Ricke *(nickt)* Natürlich. Der Förster füllt uns die Futterkrippe immer mit besonders leckeren Dingen: mit Kastanien und Eicheln – und natürlich mit frischem Heu.

Rehbock Und dann treffen wir uns dort mit vielen anderen Tieren aus dem Wald und feiern und fressen bis in den Morgen.

Rehkitz Das ist toll! Das ist toll! Im Winter hab ich nämlich immer so großen Hunger, weil es so wenig zu fressen gibt.

Franz *(etwas erschrocken)* Seid ihr dann die ganze Nacht draußen, im Freien? In der Kälte?

Ricke *(verträumt)* Natürlich. Das ist immer so schön. Besonders, wenn es geschneit hat und die weißen Bäume im Mondlicht glitzern.

Rehbock Und wenn die Sterne am Himmel funkeln – das ist richtig feierlich.

Franz *(murmelt leise)* Ja, feierlich und eisig kalt!

Rehkitz Was meinst du?

Franz *(laut)* Ich habe gesagt, dass es mir zu kalt sein wird, die ganze Nacht bei Eis und Schnee im Wald. Tut mir leid, ich glaube, das ist nichts für mich. Aber – vielen Dank für die Einladung!

***Franz** steht auf und geht winkend zur Seite ab.*

Rehkitz Schade, dass er nicht mitfeiern will! – Aber ich freu mich trotzdem drauf!

*Die **Rehe** gehen zufrieden zur anderen Seite ab.*

Chor Das Rehkitz liebt die Winternacht
mit Eis und Schnee und Sterngefunkel.
Franz fürchtet sehr der Kälte Macht –
er friert nicht gern im frost'gen Dunkel.

7. Szene

*Die **Eule** tritt auf. Sie hat eine Stoffmaus im Schnabel oder in den Krallen. Sie plustert sich auf, schüttelt ihr Gefieder und hockt sich auf den Baumstumpf oder den Boden, um die Stoffmaus zu verspeisen.*

Eule Wie ru-hu-hu-hig es hier ist. Das gefällt mir gu-hu-hut. Ich bin zu-hu-hu gern allein. Ich liebe die Ru-hu-hu-he.

***Franz** tritt auf. Traurig schlendert er daher und stößt ab und zu ein Steinchen aus dem Weg. Plötzlich sieht er die **Eule** und hat eine gute Idee. Er bleibt stehen und lächelt.*

Franz Guten Tag, liebe Eule. Ich höre, dass du allein bist.

Eule Gu-hu-hu-ten Tag. Wer bist denn du-hu-hu?

Franz Ich bin der Wichtel Franz. Ich wohne hier im Wald.

Eule Hier im Wald? Na nu-hu-hu. U-hu-hund was willst du-hu-hu von mir?

Franz Ich suche jemanden, bei dem ich Weihnachten feiern kann. Könnte ich nicht vielleicht zu dir kommen, am Heiligen Abend?

Eule Was willst du-hu-hu? Bei mir feiern? Wozu-hu-hu das denn?

Franz Na ja, ich dachte, wir zwei könnten …

Eule *(unterbricht **Franz**)* Wir zwei? Das denkst du-hu-hu. Ich will Weihnachten nu-hu-hur allein sein. Ich fliege du-hu-hurch die du-hu-hunkle Nacht u-hu-hund fange mir eine Maus. Das ist su-hu-hu-perlecker. U-hu-hund dann will ich in meinem Baum schlu-hu-hummern. Zu-hu-hum Feiern bin ich schon zu-hu-hu alt.

*Die **Eule** schnappt sich die Stoffmaus und fliegt eilig davon. **Franz** schaut ihr enttäuscht hinterher.*

Chor

Die Eule sitzt in ihrem Baum,
schaut weise auf den Franz herab.
Mit ihr zu feiern wär sein Traum.
Doch auch die Eule, die lehnt ab.

Sie will im Winter Ruhe haben
und will im schneebedeckten Wald
an einer leck'ren Maus sich laben.
Zum Feiern fühlt sie sich zu alt.

8. Szene

*Nun ist **Franz** richtig traurig. Er setzt sich auf die Erde und schmollt.*

Franz — So was Dummes! Es sieht ganz so aus, als ob ich niemanden finde, bei dem ich Weihnachten feiern kann. – Dann muss ich wohl doch wieder zu Hause feiern, Karpfen und Plätzchen essen und die beiden dämlichen Schafe anschauen.

***Franz** stützt den Kopf traurig in beide Hände. Die **Kaninchenkinder** treten auf. Zunächst sehen sie den traurigen Franz gar nicht. Sie tollen herum und spielen Fangen. Dann stolpert ein **Kaninchenkind** über **Franz**.*

Kaninchenkind 1 — Hallo, Franz! Was sitzt du denn hier so traurig herum?

Kaninchenkind 2 — *(besorgt)* Weinst du?

Franz — Hallo, ihr beiden. Nein, ich weine nicht – jedenfalls noch nicht. Aber ich bin ziemlich traurig.

Kaninchenkinder — *(im Chor)* Aber warum denn?

Franz — Ich will Weihnachten nicht zu Hause feiern. Ich will mir einmal ansehen, wie es woanders ist. Aber niemand hat Zeit für mich. Außer den Rehen, aber im Wald ist es mir zu kalt. – Und außer der Ziege und den Schafen, aber bei denen krieg ich Heuschnupfen.

Kaninchenkind 1 — Du kannst doch bei uns feiern.

Kaninchenkind 2 — Na klar. Wir müssen nur Mama fragen.

Kaninchenkind 1 — Aber Mama erlaubt das bestimmt.

Kaninchenmutter — *(tritt auf und ruft)* Kinder! Essen ist fertig! Wo seid ihr denn?

Kaninchenkinder — *(durcheinander)* Hier sind wir! Wir kommen schon!

*Die **Kaninchenkinder** rennen zur Mutter.*

Kaninchenkind 1 — Du, Mama, kann der Franz Weihnachten zu uns kommen?

Kaninchenkind 2 — Franz will nämlich Weihnachten nicht in seinem Wichtelhaus feiern.

Kaninchenkind 1 Und niemand hat für ihn Zeit!

Kaninchenkind 2 Er ist schon ganz traurig!

Kaninchenkind 1 Bitte, Mama, bitte!

Kaninchenkind 2 Liebe Mama, sag doch ja!

Dabei toben die ***Kaninchenkinder*** *wild um die* ***Mutter*** *herum und zupfen und stupsen sie von allen Seiten.*

Kaninchenmutter *(lachend)* Was seid ihr heute wieder wild, meine Kleinen. Nun steht doch mal still, damit ich in Ruhe mit euch reden kann. – Will der Franz denn mit uns Weihnachten feiern?

Franz Ja, sehr gerne. Das wäre doch mal etwas anderes.

Kaninchenmutter Und du weißt, worauf du dich da einlässt? Meine Kleinen sind zwar liebe Kinder, aber sie sind ziemlich wild. Das siehst du ja.

Kaninchenkind 1 Toll! Wenn du zu uns kommst, dann kannst du ja auch mit uns spielen. Wir spielen dann Pferd und Reiter. – Das geht so! *(schubst* ***Franz*** *auf alle viere und setzt sich auf seinen Rücken)* Hü, mein Pferdchen, hü!

Franz *krabbelt los, ist aber schon bald außer Atem.*

Kaninchenkind 2 Und mit mir machst du dann einen Boxkampf.

Kaninchenkind 2 *tänzelt vor* ***Franz****, der sich gerade mühsam aufrappelt, wie ein Boxer hin und her und deutet rechte und linke Haken an, denen der Wichtel keuchend ausweicht.*

Kaninchenkind 1 Wir können auch Seilspringen.

Kaninchenkind 2 Und in den langen Gängen unseres Kaninchenbaus Verstecken spielen.

Kaninchenkind 1 Und dann liest du uns noch was vor.

Kaninchenkind 2 Und in der Nacht bauen wir draußen einen Schneemann.

Kaninchenkind 1 Und wir machen eine Schneeballschlacht.

Kaninchenkind 2 Und eine lange Nachtwanderung.

Kaninchenkind 1 Und wir spielen im Schnee Fußball.

Franz *wird immer verzweifelter und blickt von einem* **Kaninchenkind** *zum andern, sodass sich sein Kopf wie bei einem Tischtenniszuschauer bewegt.*

Franz Halt! Halt! Halt, ihr beiden! Ich – ich glaube, so ein Weihnachtsfest übersteh ich nicht. Da ist mir zu viel Getobe und Gerenne dabei.

Die ***Kaninchenkinder*** *stehen erschrocken still und verstummen.*

Franz *(zur* ***Kaninchenmutter****)* Nimm es mir nicht übel, aber so ein turbulentes Weihnachtsfest, das ist nichts für mich.

Kaninchenmutter *(nickt lächelnd)* Das verstehe ich, Franz. So wilde Kinder – das ist nicht jedermanns Sache. Aber ich liebe diesen Trubel. Ich wüsste gar nicht, was ich ohne die lieben Kleinen anfangen sollte. *(schart ihre Kinder um sich und geht ab)*

Franz *(schaut ihnen kopfschüttelnd nach)* Nun sind sie weg. Mir ist noch ganz wirbelig im Kopf von all dem Durcheinander.

Chor

Kaninchens Kinder treiben's doll.
Solch Trubel, den mag Franz nicht leiden.
Nun weiß er nicht mehr, was er soll.
Wofür nur wird er sich entscheiden?

Der Franz stapft traurig durch den Wald.
Der Heil'ge Abend ist nicht fern.
Zum Maulwurfshügel kommt Franz bald.
Das Fensterlicht strahlt wie ein Stern.

9. Szene

Während der ***Chor*** *den letzten Vers singt, steht* ***Maulwurf Max****, der die ganze Zeit in seiner Höhle gesessen oder gelegen hat, auf und stellt eine kleine Laterne deutlich sichtbar in seine Höhle.* ***Franz*** *wandert auf den Maulwurfshügel zu.*

Franz Das sieht ja gemütlich aus, dort drüben bei Max, dem Maulwurf. – Ich glaube, ich frage jetzt einfach mal den Max, ob ich bei ihm Weihnachten feiern kann. *(geht zur Maulwurfshöhle und klopft oder klingelt)*

Max Nur immer hereinspaziert. Die Tür ist offen!

Franz Guten Tag, Max!

Max Ach, du bist's, Franz! Ich erkenne dich an der Stimme. Guten Tag. Was führt dich zu mir?

Franz Max, ich möchte in diesem Jahr so gerne einmal ganz anders Weihnachten feiern als sonst. Darf ich dich vielleicht am Heiligen Abend besuchen?

Max Aber natürlich, mein Freund. Du kannst mich sehr gerne besuchen. Ich freue mich darauf, mit dir Weihnachten zu feiern.

Franz Wirklich? Toll! Dann komme ich am Weihnachtsabend einfach zu dir in deine Höhle, okay?

Max Wunderbar! Und dann machen wir beide es uns richtig gemütlich. Ich freue mich schon.

Franz Genau, das machen wir. Bis dann, lieber Max! Auf Wiedersehen! *(geht fröhlich ab)*

Max *(winkt* ***Franz*** *hinterher)* Bis Weihnachten! Auf Wiedersehen, Franz!

10. Szene

Während sie singen, breiten zwei Mitglieder des ***Chors*** *ein großes, weißes Tuch vor dem Maulwurfshügel aus, das den tiefen Schnee symbolisiert.* ***Franz*** *geht nach Hause, wickelt sich einen Schal um oder zieht sich Handschuhe an (es muss deutlich werden, dass jetzt tiefer Winter ist), nimmt ein buntes Päckchen als Weihnachtsgeschenk für Max, verabschiedet sich liebevoll von* ***Wanda*** *und wandert los in Richtung Maulwurfshügel. Dort empfängt ihn* ***Max*** *freundlich. Die Begrüßung der beiden Freunde wird pantomimisch während des Liedes gespielt. Sehr schön ist es, wenn* ***Max*** *von einem Kind gespielt wird, das sich traut, das Maulwurfssolo zu singen. Wenn kein Solist zur Verfügung steht, kann auch die ganze Klasse den Maulwurfstext singen.*

Chor

Die Weihnacht naht, es fällt der Schnee
und deckt die Welt mit weißem Kleid.
Der Franz sagt Wanda leis: „Ade."
Zu Max dem Maulwurf ist's nicht weit.

Zum Maulwurfshügel läuft der Franz
durch tiefen Schnee am Weihnachtstag.

Max

Tritt schnell in meine Stube ganz,
sonst schneit's herein, was ich nicht mag!

Chor

Franz tritt ins warme Dunkel ein
und wünscht dem Freund ein frohes Fest.
Er sucht vergeblich Kerzenschein
und Weihnachtsschmuck – nicht mal ein Rest.
Max sagt:

Max

Ich brauche keine Kerzen
und keinen Weihnachtskram, mein Kind.
Das Licht trag ich in meinem Herzen,
denn meine Augen, die sind blind.

Doch Räucherstäbchen hab ich viele,
die zünden wir uns nachher an,
denn eines Maulwurfs höchste Ziele
sind, dass er hörn und riechen kann!

Wir hören leise Weihnachtslieder
und schnuppern Düfte aller Art –
und essen Käferlarven wieder!
Die mag ich sehr! Sie sind so zart!

Während ***Max*** *sein Weihnachten beschreibt, wird* ***Franz'*** *Gesichtsausdruck immer entsetzter.*

Franz Käferlarven soll ich essen?

Max *stellt eine Schüssel mit Erdnusswürmern auf den Tisch und kostet voller Genuss. Er bietet auch* ***Franz*** *welche an, der kann sich aber nicht überwinden.*

Max Probier doch mal! Die sind prima. Frisch und saftig. Sie zappeln noch auf der Zunge.

Franz *(windet sich)* Nein danke, Max. Ich … ich habe gar keinen Hunger. Ich …

Max Warte, ich mach uns mal ein bisschen Musik an. Ich liebe nämlich Weihnachtslieder.

Max *geht zur Seite und tut so, als ob er ein Radio anstellt. Der* ***Chor*** *singt ein Weihnachtslied.* ***Max*** *wiegt sich im Takt. Er singt laut mit, schnuppert an den Räucherstäbchen und nascht immer wieder von den Würmern.* ***Franz*** *betrachtet die Würmer angeekelt, hustet ab und zu ein wenig, wenn er einem Räucherstäbchen zu nahe kommt, und wird immer unglücklicher.*
Während Franz beim Maulwurf zu Gast ist, schmückt Wichtelfrau ***Wanda*** *auf der anderen Bühnenseite ihre Stube weihnachtlich, sodass dort all das vorhanden ist, was Max beim Maulwurf vermisst. Sobald das Lied zu Ende ist, steht* ***Franz*** *plötzlich auf.*

Franz Du, Max, ich … ich kann keine Käferlarven essen. Und von den Räucherstäbchen kriege ich Husten und außerdem habe ich Sehnsucht nach meiner Wanda und … ich glaube, ich …

Max *steht auf, geht zu* ***Franz*** *und legt ihm einen Arm um die Schultern.*

Max Kein Problem, Franz. Ich verstehe dich. Du möchtest lieber schnell nach Hause gehen, nicht wahr?

Franz *(nickt gerührt)* Wanda hat sicher wieder einen Karpfen gekocht. Und ihre leckeren Plätzchen gebacken. *(verträumt)* Und bestimmt hat sie Kerzen angezündet und einen Stern aufgehängt und die kleinen Schafe vor die Krippe gestellt. – Ja, Max, ich muss nach Hause. Sei mir nicht böse.

Max Ich bin dir doch nicht böse. Dann esse ich die leckeren Käferlarven eben allein. Das macht mir überhaupt nichts aus.

Franz *und* ***Max*** *umarmen sich.* ***Franz*** *schnappt sich Schal und Handschuhe und eilt zur Wichtelstube.* ***Max*** *winkt ihm nach und isst dabei zufrieden seine Würmer.*

11. Szene

***Franz** betritt eilig die Wichtelstube. **Wanda** freut sich sehr. Sie umarmen sich.*

Wanda Frohe Weihnachten, Franz! Wie schön, dass du nach Hause kommst.

Franz Frohe Weihnachten, Wanda! Ja, ich bin auch sehr froh, dass ich wieder daheim bin. Maulwurf Max war sehr nett – aber ich habe mich plötzlich nach dir und unserer gemütlichen Stube gesehnt.

***Franz** geht durch die Stube und sieht sich alles an: die Kerzen, die Schafe, den Stern. Er entdeckt eine Schüssel mit Weihnachtskeksen.*

Franz O wie schön, Weihnachtsplätzchen. Lecker. *(probiert eines)* Wunderbar! – Kein Vergleich zu den Käferlarven.

Wanda *(lacht)* Es gab also Käferlarven beim Mauwurf?

***Franz** nickt.*

Wanda Wir können auch gleich essen.

Franz Gibt es Karpfen blau?

Wanda Nein. Ich habe dieses Jahr Kartoffelsalat und Würstchen vorbereitet. – Du wolltest doch einmal etwas anderes, etwas Besonderes an Weihnachten erleben, oder nicht?

Franz Etwas Besonderes? An Weihnachten? Na ja, ich weiß nicht. Nächstes Jahr machen wir aber auf jeden Fall alles wieder genau so, wie wir es schon immer gemacht haben, versprochen?

Beide setzen sich gemütlich und knabbern Kekse. Licht aus. Vorhang.

*Zum Abschluss kommen der **Chor** und **alle Darsteller** noch einmal auf die Bühne. Es kann noch ein Weihnachtslied zusammen mit den Zuschauern gesungen werden.*

Weihnachten beim Maulwurf

Text: Barbara Peters
Musik: Susanne Geilke

2. Sie haben es so schön gemütlich,
die Wohnstube ist wunderbar.
Franz lebt mit Wanda hier sehr friedlich.
Im Wichtelhaus ist alles klar!

3. Nur Weihnachten kann Franz nicht leiden.
Er sagt, er kennt es zu genau!
Die Krippe mit den Schafen beiden,
die Plätzchen und dann „Karpfen blau“.

4. Dies Jahr will Franz woanders feiern –
beim Maulwurf oder bei der Maus.
Von ihm aus auch bei alten Geiern …
Hauptsache: nicht bei sich zu Haus!

5. Der Wichtel Franz ist losgezogen
und hat bei Freunden angefragt.
Die Maus jedoch hat – ungelogen –
„Nein danke!“ zu dem Franz gesagt.

6. Die Maus, die kann den Franz nicht brauchen
mit ihrer großen Kinderschar.
Sie kann vor Arbeit kaum noch krauchen.
Auch noch Besuch? Das geht nicht, klar!

7. Der Igel liegt in einem Haufen
rot-gelber Blätter, gut geschützt.
Da kommt der Wichtel Franz gelaufen
und sucht den Igel, bis er schwitzt.

8. Der Igel, der will lieber schlafen.
Die Schwalbe fliegt nach Afrika.
Drum geht der Wichtel zu den Schafen
und findet auch die Ziege da.

9. Im Heu, da muss der Franz stets niesen.
Er mag das überhaupt nicht gern.
Das würd ihm Weihnachten vermiesen,
drum bleibt dem Stall er lieber fern.

10. Franz ist noch immer auf der Suche
nach einem andern Weihnachtsfest.
Was krabbelt denn da bei der Buche?
Ob man ihn dort mitfeiern lässt?

11. Die Ameisen sind flink verschwunden.
Sie hatten einfach keine Zeit.
Franz hat noch immer nichts gefunden
und Weihnachten ist nicht mehr weit!

12. Das Rehkitz liebt die Winternacht
mit Eis und Schnee und Sterngefunkel.
Franz fürchtet sehr der Kälte Macht –
er friert nicht gern im frost'gen Dunkel.

13. Die Eule sitzt in ihrem Baum,
schaut weise auf den Franz herab.
Mit ihr zu feiern wär scin Traum.
Doch auch die Eule, die lehnt ab.

14. Sie will im Winter Ruhe haben
und will im schneebedeckten Wald
an einer leck'ren Maus sich laben.
Zum Feiern fühlt sie sich zu alt.

15. Kaninchens Kinder treiben's doll.
Solch Trubel, den mag Franz nicht leiden.
Nun weiß er nicht mehr, was er soll.
Wofür nur wird er sich entscheiden?

16. Der Franz stapft traurig durch den Wald.
Der Heil'ge Abend ist nicht fern.
Zum Maulwurfshügel kommt Franz bald.
Das Fensterlicht strahlt wie ein Stern.

17. Die Weihnacht naht, es fällt der Schnee
und deckt die Welt mit weißem Kleid.
Der Franz sagt Wanda leis: „Ade."
Zu Max dem Maulwurf ist's nicht weit.

18. Zum Maulwurfshügel läuft der Franz
durch tiefen Schnee am Weihnachtstag.
„Tritt schnell in meine Stube ganz,
sonst schneit's herein, was ich nicht mag!"

19. Franz tritt ins warme Dunkel ein
und wünscht dem Freund ein frohes Fest.
Er sucht vergeblich Kerzenschein
und Weihnachtsschmuck – nicht mal ein Rest.

20. Max sagt: „Ich brauche keine Kerzen
und keinen Weihnachtskram, mein Kind.
Das Licht trag ich in meinem Herzen,
denn meine Augen, die sind blind.

21. Doch Räucherstäbchen hab ich viele,
die zünden wir uns nachher an,
denn eines Maulwurfs höchste Ziele
sind, dass er hörn und riechen kann!

22. Wir hören leise Weihnachtslieder
und schnuppern Düfte aller Art –
und essen Käferlarven wieder!
Die mag ich sehr! Sie sind so zart!

3. Stück: Verflixt fröhliche Weihnachten

Spieldauer
sechs Szenen, ca. 50 Minuten

Anzahl der Personen
Um den vorliegenden Rollentext unverändert zu spielen, benötigen Sie 20 Darsteller. In der 1. Szene, die die Vorgänge im Kaufhaus zeigt, können je nach Bedarf beliebig viele stumme Rollen hinzugefügt werden. Die Szene kann auch ausschließlich pantomimisch dargestellt werden. Dadurch wird die Spieldauer des Stückes ein wenig verkürzt und es werden lediglich fünf Kinder benötigt, die eine Sprechrolle einstudieren. Eine weitere Möglichkeit, die Personenzahl zu reduzieren, ist, das Theaterstück erst mit der 2. Szene zu beginnen. In diesem Fall brauchen Sie fünf Darsteller.

Bühnenbild
Es werden zwei Bühnenbilder benötigt: das Kaufhaus und das Wohnzimmer der Familie.

Das Kaufhaus lässt sich mit einfachen Mitteln darstellen. Drei oder vier Tische, die an beiden Seiten der Bühne stehen und auf denen sich die zu verkaufenden Waren stapeln, genügen: links die Lebensmittel und rechts andere Dinge. Gut geeignet sind z.B. bunte Kartons, Tücher, Schals und Bücher.

In der Wohnstube stehen ein Tisch mit fünf Stühlen, ein kleiner Tannenbaum oder eine große Vase mit Tannenzweigen und einer Lichterkette.

Kostümvorschläge
Alltagskleider, der eine oder andere Hut, eine graue Perücke für die Oma, eine Schürze für die Mutter, eine grüne Winterjacke und eine rote Mütze für das Mädchen. Der Kaufhaus-Weihnachtsmann kann einen roten Bademantel, eine Weihnachtsmann-Mütze und einen weißen Watte-Rauschebart tragen.

Requisiten
- tragbarer CD-Player und CDs mit Weihnachtsmusik
- Sack mit Geschenken und Süßigkeiten für den Weihnachtsmann
- Handtasche und Einkaufszettel für die alte Frau
- viele mit Zeitungspapier ausgestopfte Taschen, Körbe, Tüten, Rucksäcke und Beutel für die Kaufhauskunden
- Krawatten und Fliegen
- Plastikbecher für den Bettler
- Pralinenschachteln
- Spielgeldscheine und Geldstücke zum Bezahlen im Kaufhaus
- weiße Geschenkfolie mit Goldglitzer
- grünes Weihnachtsgeschenkpapier
- Zettel für den zerstreuten Mann
- Zeitschrift (Bravo oder Mädchenzeitschrift) für Lara
- Portemonnaie und Handy für Lara
- Kleingeld für Lara und Jonas
- Zettel, Briefumschläge und Stifte für Lara und Jonas zum Malen der Gutscheine
- ein Foto
- Manga- oder Comicheft für Jonas
- Schachtel mit Christbaumschmuck (Strohsterne, Kugeln, Lametta o.Ä.)
- Kochlöffel für die Mutter
- viele große, bunte Pakete, in denen sich die Elektrogeräte befinden sollen, die sich die Familie zu Weihnachten schenkt; in jedem Paket muss ein Kabel mit Stecker sein
- Autoschlüssel
- Telefon
- große Handtasche für Oma
- Handy für den Vater
- eine große Steckdosenleiste
- zwei Topfdeckel
- Kerze, Streichhölzer und Bibel für Oma
- dickes Geschichtenbuch als Weihnachtsgeschenk von Oma für Lara und Jonas

Weiterführende Anregungen für den Unterricht
Die Arbeit an diesem Theaterstück bietet viele Diskussionsanreize. Sammeln Sie mit den Kindern an der Tafel alles, was ihnen an Weihnachten wichtig ist. Sicher wird die Menge der Geschenke oder das gute Weihnachtsessen genannt werden. Aber auch gemütliche Vorlesestunden bei Kerzenschein, der schöne Weihnachtsbaum, ein stimmungsvoller Weihnachtsgottesdienst, das Christkind in der Krippe und vieles mehr wird zur Sprache kommen.

Lassen Sie die Schüler Texte und Bilder zum Thema „Mein Weihnachten" gestalten.

Ein schöner Abschluss der Theateraufführung kann so aussehen: Nach dem Schlussapplaus tritt jedes Kind nach vorn an die Bühnenrampe, hält ein selbst gestaltetes Bild oder Plakat hoch und sagt in einem Satz, was es an Weihnachten besonders mag.

Verflixt fröhliche Weihnachten

Rollen	Vater	dicke Frau
	Mutter	Mädchen
	Oma	Mann
	Lara	Herr
	Jonas	Kaufhaus-Weihnachtsmann
	Verkäufer 1	Kundin
	Verkäufer 2	Bettler
	Verkäuferin 1	Ehepaar (Ehefrau, Ehemann)
	Verkäuferin 2	alte Frau
	Verkäuferin 3	

1. Szene

*Im Kaufhaus. Alle **Verkäufer** stehen hinter den Tischen. In der Mitte steht der **Kaufhaus-Weihnachtsmann** mit seinem Sack und verteilt kleine Geschenke und Süßigkeiten an die vorüberhastenden Kunden. Der **Weihnachtsmann** ist schon deutlich erschöpft, sein Rücken tut ihm weh und seine Füße schmerzen. Neben dem **Weihnachtsmann** steht die **alte Frau** und wühlt in ihrer Handtasche. In einer Ecke steht die **Mutter**, umgeben von vollen Taschen und Tüten, und lässt sich von **Verkäuferin 3** verschiedene Krawatten und Fliegen zeigen. **Verkäufer 2** sortiert Kartons oder etwas Ähnliches. Links steht eine Schlange am Tresen: der zerstreute **Mann** verhandelt mit **Verkäuferin 1,** die **dicke Frau** steht schnaufend hinter ihm und wartet ungeduldig. Der Dritte in der Reihe ist der vornehme, hochnäsige **Herr**, auch er ist ungeduldig. Am gegenüberliegenden Tresen versuchen **Verkäufer 1** und **Verkäuferin 2** ein genervtes **Ehepaar** zu beruhigen. Kaufhauslärm und laute, nervige Weihnachtsmusik kommen vom Band (gut geeignet ist dafür „Jingle Bells“).*
*Der **Bettler** schlendert mit einem Plastikbecher über die Bühne und spricht verschiedene Menschen pantomimisch an, manche geben ihm etwas, andere reagieren gereizt.*
*Das **Mädchen** läuft weinend auf die Bühne. Die Musik und der Kaufhauslärm werden langsam leiser und laufen im Hintergrund weiter.*

Mädchen Mama! Wo bist du? Mama! Mamaaaaa!

*Das **Mädchen** stolpert und rempelt den **Weihnachtsmann** an.*

Weihnachtsmann Verdammt! Pass doch auf, wo du hintrittst, ungezogenes Gör!

alte Frau *(irritiert)* Bitte? Da habe ich mich ja wohl verhört! Was haben Sie gerade gesagt?

Weihnachtsmann *(schaut sich ängstlich um, verlegen)* Äh – ich meinte natürlich … *(streicht dem **Mädchen** über den Kopf, zuckersüß)* Hohoho! Na, meine Kleine, wer wird denn weinen? Heute ist doch Weihnachten. Das Fest der Freude. Möchtest du auch etwas aus meinem großen Sack haben? Hohoho?

*Die **alte Frau** hat einen Zettel in der Handtasche gefunden und stellt sich kopfschüttelnd an der rechten Schlange an.*

Mädchen *(schluchzend)* Meine Mama ist weg! Ich will meine Mama wiederhaben!

Weihnachtsmann *(bückt sich stöhnend und greift in den Sack, beiseite)* Oh, mein Kreuz! Hoffentlich hab ich bald Feierabend.

*Der **Weihnachtsmann** wühlt ein wenig, zieht einen Schokoriegel aus dem Sack und hält ihn dem **Mädchen** hin.*

Weihnachtsmann Hohoho! Nein, was hab ich denn hier? Schau mal, der Weihnachtsmann hat eine Überraschung für dich! Hohoho!

Mädchen *(schüttelt den Kopf, laut weinend)* Mamaaa! Mamaaa! Ich will zu meiner Mamaaa!

Kundin *(rennt aufgeregt auf die Bühne und sucht zwischen allen Menschen)* Mein Gott! Meine Kleine ist weg! Ich habe mein Kind verloren! Und das ausgerechnet heute, wo ich noch so viel besorgen muss. *(drängelt sich überall dazwischen und fragt die einzelnen Personen)* Haben Sie ein kleines Mädchen gesehen? Ungefähr so groß. *(zeigt die Größe mit der Hand)* Grüne Winterjacke, rote Mütze. – Nicht? Wie furchtbar! Wenn ich jetzt noch lange suchen muss, dann schaffe ich meine Weihnachtseinkäufe nicht mehr.

*Die **Kundin** schaut sich verzweifelt um. Bis auf die **alte Frau** kümmert sich niemand weiter um sie.*

alte Frau Schauen Sie doch mal, dort drüben, bei dem Weihnachtsmann – ist das vielleicht Ihre Tochter? Das arme Ding weint schon eine ganze Weile!

Kundin Wo? Ach da – ja, welch ein Glück, da ist sie ja! *(rennt hinüber, packt das **Mädchen** am Arm und zieht es vom **Weihnachtsmann** fort)* Wo bist du denn gewesen? Du darfst doch nicht einfach fortlaufen!

Mädchen *(schnieft noch ein wenig)* Mama! Wie gut, dass du wieder da bist! Ich bin nicht weggelaufen! Du – du warst auf einmal weg!

Kundin Ich? Weg? So ein Unsinn. Du warst verschwunden. Aber jetzt bist du ja wieder da. Komm schnell, ich will dort drüben noch ein Geschenk für Papa besorgen.

Mädchen Der Weihnachtsmann wollte mir gerade etwas aus seinem Sack geben. Das will ich mir jetzt aber noch holen!

Kundin Kommt überhaupt nicht infrage. Damit du wieder spurlos verschwindest. Nein, nein, mein Fräulein. Du bleibst jetzt bei mir.

*Die **Kundin** zieht das **Mädchen** am Arm hinter sich her zur rechten Schlange, hinter das **Ehepaar** und die **alte Frau.***

Mädchen *(weint wieder)* Ich will aber meinen Schokoriegel haben!

Ehefrau *(zur **Kundin**)* Muss Ihr Kind so herumheulen? Das ist ja grässlich!

Ehemann Nun komm, Elfriede, entscheide dich endlich! Welche Pralinen wollen wir für Herrn Müller kaufen?

Kundin Kinder weinen nun mal manchmal. Regen Sie sich bloß nicht künstlich auf.

Ehefrau Bei diesem Geplärre kann ich mich nicht konzentrieren. Karl-Heinz, entscheide du!

Ehemann Ich? – Was weiß denn ich, was Herr Müller gerne isst …

Verkäufer 1 Vollmilch-Joghurt-Trüffel mit Marzipan wird immer wieder gerne genommen. *(hält dem **Ehepaar** eine Schachtel hin)*

Ehemann Vollmilch-Joghurt … Ich weiß nicht … Elfriede, nun sag du doch mal was!

*Das **Mädchen** hüpft von einem Bein aufs andere und tritt aus Versehen die **Ehefrau.***

Mädchen Ooops! Entschuldigung, das wollte ich nicht.

Ehefrau *(kreischt vor Schmerz)* Aua! Das ist ja unerhört! Kannst du nicht aufpassen? Ich hab sowieso schon Migräne und jetzt tritt mich dieses ungezogene Kind auch noch! *(hebt die Hand, als wolle sie das **Mädchen** schlagen)*

Kundin Unterstehen Sie sich! Lassen Sie meine Tochter in Ruhe! *(tröstet das **Mädchen**, das aber immer wieder laut aufweint)*

Ehemann	Beruhige dich, Elfriede! Ich bitte dich! *(zu **Verkäufer 1**)* Egal, ich nehme dieses Joghurt-Marzipan-Zeugs!
Verkäufer 1	Vollmilch-Joghurt-Trüffel mit Marzipan – sehr delikat.
Verkäuferin 2	Orangen-Nougat mit Mandelcreme ist auch sehr beliebt!
Ehemann	Mandelcreme? Orangen-Nougat? Trüffel? Elfriede, bitte, was nehme ich denn jetzt?
Ehefrau	Das ist mir doch egal. Irgendwas. Aber mach schnell! Ich muss hier raus. Der Lärm ist ja nicht auszuhalten!
Ehemann	*(zu **Verkäuferin 2**)* Gut, gut, gut. Dann geben Sie mir eben dieses Orangencreme-Mandelzeug!
Verkäuferin 2	Einmal Orangen-Nougat mit Mandelcreme. Gerne! *(reicht dem **Ehemann** die Schachtel)* Macht 25,95 Euro.
Ehemann	*(schnappt nach Luft)* 25 Euro – das ist doch nicht Ihr Ernst!
Verkäufer 1	Dafür werden nur die edelsten Zutaten verwendet!
Verkäuferin 2	Qualität hat eben ihren Preis!
Ehefrau	*(jammernd)* Wie lange brauchst du denn noch, Karl-Heinz? Mein Kopf zerspringt! Ich will nach Hause. Ich muss mich hinlegen!
Ehemann	Jajaja, Elfriede. Gleich! *(zu **Verkäufer 1**)* Das ist zwar ein unverschämter Preis …
Ehefrau	*(klagend)* Kaaarl-Heiiiinz!
Ehemann	Ja, sofort Elfriede! *(zu **Verkäufer 1**)* Hier ist das Geld.

*Der **Ehemann** reicht einen Schein über den Tresen, **Verkäufer 1** gibt das Wechselgeld zurück.*

Verkäuferin 2	Sollen die Pralinen weihnachtlich verpackt werden? Wir hätten hier die Variante Sternenstaub *(hält weiße Geschenkfolie mit Goldglitzer hoch)* … oder vielleicht lieber die Version Tannengrün? *(hält grünes Papier hoch)*

Ehefrau Karl-Heinz! Ich halte das nicht mehr aus!

Ehemann *(reißt die Pralinenschachtel an sich)* Danke! Danke! Ich nehm's so mit! – Ich komme ja schon, Elfriede.

*Der **Ehemann** hakt seine **Ehefrau** unter. Die beiden gehen quer über die Bühne. Plötzlich bleibt die **Ehefrau** stehen.*

Ehefrau Karl-Heinz? Was hast du denn jetzt für Herrn Müller gekauft?

Ehemann Ich? Für Herrn Müller? – Ach so. Ja. Hier … *(liest die Packungsaufschrift)* Orangen-Nougat mit Mandelcreme.

Ehefrau *(entsetzt)* Mandelcreme? Mein Gott, Karl-Heinz! Herr Müller hat doch eine Mandelallergie! Und er verabscheut Südfrüchte!

Ehemann Südfrüchte?

Ehefrau Ja, Südfrüchte. Du weißt schon: Orangen, Mandarinen, Zitronen – so was eben.

Ehemann *(leise, erschöpft)* Soll ich sie umtauschen, Elfriede?

Ehefrau Mandeln und Orangen! Das darf doch nicht wahr sein! Kannst du denn nichts alleine machen? Muss ich eigentlich alles selber in die Hand nehmen?

Ehemann Okay, okay. Ich soll das Zeug also umtauschen?

Ehefrau Umtauschen? Bist du verrückt? Sieh dir doch diese Schlangen an. Mit meiner Migräne kann ich mich hier nicht noch einmal anstellen! Von mir aus kann Herr Müller das Zeug weiterverschenken. Hauptsache, wir haben ein Geschenk für ihn. Komm jetzt, Karl-Heinz!

*Die **Ehefrau** packt den **Ehemann** am Arm und zieht ihn von der Bühne.*
Verkäuferin 2** wendet sich der **alten Frau** zu und bedient sie. **Verkäufer 1** bedient die **Kundin** mit dem **Mädchen.

Mutter *(zu **Verkäuferin 3**)* Ach, egal – ich nehme irgendeine Krawatte. Packen Sie mir einfach die blaue ein. Die passt zu seinem Anzug.

Verkäuferin 3 Sehr gerne. Wie wäre es vielleicht noch mit einer Fliege – die sind jetzt wieder der letzte Schrei. Hier, sehen Sie. *(hält eine bunte Fliege hoch)*

Mutter Ja, gut. Die nehme ich auch noch. Die kann er zu seinem karierten Sportjackett tragen.

*Die **Mutter** bezahlt und steckt die Päckchen ein. Dann stellt sie sich hinter dem vornehmen **Herrn** an der linken Schlange an.*

Verkäuferin 1 *(ein wenig ungeduldig zum zerstreuten **Mann**)* Bitte, mein Herr, nun entscheiden Sie sich doch. Sehen Sie nur, die Schlange wird immer länger.

dicke Frau Wie lange soll das denn hier noch dauern? Meine Krampfadern bringen mich um! Ich kann kaum noch stehen.

Herr *(zur **Mutter**)* Kaum zu glauben, aber wir warten jetzt schon seit Stunden! *(zum zerstreuten **Mann**)* Wissen Sie überhaupt, was Sie hier wollen?

Mann Aber natürlich, mein Herr. Ich bin hier, weil – äh – weil ich – ja, genau – deswegen bin ich hier – ich muss nämlich – das ist doch klar – ich – Augenblick – ich hatte es mir doch aufgeschrieben – warten Sie – wo ist er denn – der Zettel – ich habe ihn doch … *(sucht in seinen Taschen)*

Verkäuferin 1 Vielleicht könnte ich ja den nächsten Kunden bedienen? So lange, bis Sie Ihren Zettel gefunden …

Mann *(begeistert)* Hier! Hier ist er ja! Sehen Sie nur! Ich hab ihn. *(hält triumphierend einen Zettel hoch)*

Verkäuferin 1 *(seufzt)* Na wunderbar! Was darf es denn sein?

Mann Augenblick! Ich kann das gerade nicht lesen – meine Brille – Moment – ich hab sie gleich – sie muss doch hier sein … *(sucht die Brille)*

Verkäuferin 1 *(wendet sich **Verkäufer 2** zu)* Ach bitte, Uwe. Lass doch die Kartons einfach mal und hilf mir hier ein wenig.

Verkäufer 2 *(eilt herbei, zur **dicken Frau**)* Kann ich Ihnen behilflich sein, gnädige Frau?

dicke Frau Endlich. Die Warterei war ja nicht mehr auszuhalten! Bitte geben Sie mir zwei Lichterketten. Bunte. Mit je vierzig Kerzen.

Verkäufer 2 Oh, das tut mir leid – aber die Lichterketten sind uns bereits vorgestern ausgegangen. Total ausverkauft.

dicke Frau *(schnauft)* Wie bitte? Keine Lichterketten mehr? Was soll das denn heißen?

Herr Na, was wohl! *(schreit)* Es gibt keine Lichterketten mehr! Damit hat sich das ja wohl erledigt und Sie können endlich *mich* bedienen!

Bettler *(wendet sich an die **dicke Frau**)* Frohe Weihnachten! Hätten Sie vielleicht zum Fest der Liebe eine milde Gabe für mich? Ich habe kein Dach über dem Kopf. Mit einem Euro wäre mir schon sehr geholfen …

Herr Arbeitsscheues Gesindel! *(zur **dicken Frau**)* Geben Sie ihm nichts! Diese Penner geben das ganze Geld ja doch nur für Schnaps aus!

dicke Frau *(unwirsch zum **Bettler**)* Lassen Sie mich zufrieden!

Bettler Fünfzig Cent? – Sie haben doch jetzt so viel Geld gespart, wo Sie keine Lichterkette bekommen haben. Bitte!

dicke Frau Ich habe wirklich andere Sorgen! *(nimmt ihre Taschen und geht schimpfend ab)* Vielleicht funktioniert ja die alte Lichterkette vom letzten Jahr noch. Weihnachten ohne Lichter – das ist grauenhaft! Unmöglich! Ein Saftladen ist das hier. Am Heiligen Abend schon ausverkauft. Unglaublich! Man müsste sich beschweren!

Bettler *(zur **Mutter**)* Haben Sie vielleicht eine milde Gabe? Heute, am Fest der Liebe?

*Der **Bettler** hält der **Mutter** den Becher hin. Diese wendet sich genervt ab.*

Mädchen *(zur **Kundin**)* Mama. Maamaa! Gibst du mir Geld? Nur ein bisschen! Bitte!

Kundin Was willst du dir denn jetzt noch kaufen?

Mädchen Nichts, ich will dem armen Mann da drüben etwas geben. Bitte, Mama!

Kundin *(entnervt)* Meinetwegen. Hier hast du ein paar Cent. – Aber komm sofort wieder zu mir. Ich kann es wirklich nicht gebrauchen, dass du mir noch einmal verloren gehst. *(gibt dem **Mädchen** ein wenig Kleingeld)*

*Das **Mädchen** rennt zum **Bettler** und wirft das Geld in den Becher.*

Bettler Oh! Das ist aber lieb! Vielen Dank, meine Kleine – und frohe Weihnachten!

Mädchen *(macht einen Knicks)* Frohe Weihnachten! *(geht zurück zur **Kundin**)*

*Die **Mutter** bezahlt und stopft ein weiteres Paket in ihre Taschen.*

Mutter So, das wäre geschafft. Jetzt brauche ich nur noch ein paar Pralinen, damit wir zum Espresso nach dem Essen auch etwas Süßes haben, und dann kann ich endlich nach Hause fahren. Gott sei Dank!

*Mühsam rafft die **Mutter** alle ihre Taschen zusammen und geht, schwer schleppend, ab. Kaum ist sie verschwunden, eilt der **Vater** auf die Bühne und sieht sich eilig um. **Verkäufer 2** tritt zu ihm.*

Verkäufer 2 Kann ich Ihnen behilflich sein?

Vater Ach ja, bitte. Ich benötige noch eine Kleinigkeit für meine Frau. Ein paar Pralinen wären nett. Aber bitte, beeilen Sie sich, ich muss noch den Weihnachtsbaum schmücken und meine Schwiegermutter vom Bahnhof abholen und …

Verkäufer 2 Hier hätte ich eine wunderbare Mischung: Vollmilch-Joghurt-Trüffel mit Marzipan. Die verkaufen wir sehr oft.

Vater Ja, ja! Geben Sie die. Hauptsache es geht schnell und ich habe etwas Nettes für meine Frau. Was macht das?

Verkäufer 2 19,95 Euro, der Herr. Soll ich es als Geschenk einpacken?

Vater *(sehr in Eile)* Nein! Das ist nicht nötig. Das dauert mir zu lange! *(reicht einen Geldschein über den Tisch)* Hier, bitte, das stimmt so! *(geht eilig ab)*

Verkäufer 2 Hören Sie, bitte – Ihr Wechselgeld … *(schüttelt den Kopf)*

Der Kaufhauslärm und die Weihnachtsmusik werden wieder lauter. Der Kaufhaustrubel wird noch eine Weile pantomimisch zur Musik dargestellt, dann schließt sich der Vorhang langsam oder es wird dunkel.

2. Szene

Im Wohnzimmer der Familie. ***Lara*** *liegt auf dem Boden und blättert gelangweilt in einer Zeitschrift.* ***Jonas*** *kommt genervt ins Zimmer.*

Jonas Hast du schon alle Weihnachtsgeschenke, Lara?

Lara Weihnachtsgeschenke? Ich? Wovon soll ich die denn bezahlen? Ich hab nicht mehr genug Geld.

Jonas Da geht's dir wie mir. *(seufzt)* Mist! Wir kriegen einfach zu wenig Taschengeld.

Lara Genau. Das ist irgendwie ungerecht. Ich kann höchstens zweimal in der Woche ins Kino gehen und wenn ich mir dann noch einen Comic kaufen will, dann hab ich kein Geld mehr, um mir was Süßes zu besorgen.

Jonas Ich hab mir gerade dieses supertolle neue Videospiel gekauft – jetzt bin ich pleite. Was mach ich denn bloß? Irgendwelche Geschenke muss ich doch für Mama, Papa und Oma haben. *(setzt sich an den Tisch und stützt den Kopf in die Hände)*

Lara Wie viel Geld hast du denn noch?

Jonas *stülpt seine Hosentaschen um und holt ein paar Münzen hervor.*

Jonas Ich hab noch – warte mal – drei Euro zwölf. *(legt das Geld auf den Tisch)*

Lara *holt ein Portemonnaie aus der Tasche und öffnet es.*

Lara Und ich hab noch vier Euro. *(legt ihr Geld ebenfalls auf den Tisch)*

Jonas Dafür kriegen wir allerhöchstens eine Krawatte für Papa – wenn wir es noch rechtzeitig ins Einkaufszentrum schaffen …

Lara Eine Krawatte? Du spinnst wohl! Mama schenkt Papa jedes Jahr eine Krawatte und Papa sagt jedes Mal beim Auswickeln: „Oho, oho – sehr geschmackvoll!" – und dann hängt er die Krawatte in den Schrank und das war's …

Jonas *nimmt ein paar Zettel vom Tisch hoch.*

Jonas Also?

Lara *(hält zwei Stifte hoch)* Genau! Wie jedes Jahr …

Jonas und Lara *(im Chor)* Gutscheine!

Jonas Papa kriegt von mir einen Gutschein für zweimal Rasenmähen.

Lara Rasenmähen im Dezember! Coole Idee! Ich schenk ihm einfach auch zweimal Rasenmähen und Mama kriegt von mir einen Gutschein für fünfmal den Müll rausbringen.

Jonas Für Mama könnte ich Mineralwasser aus dem Keller holen … Sie will ja sowieso dauernd, dass ich das für sie erledige.

***Jonas** und **Lara** malen ihre Gutscheine und stecken sie in Briefumschläge, die sie beschriften.*

Lara Aber für Oma? Hast du da eine Idee?

Jonas Wenn wir sie im nächsten Sommer besuchen, dann könnten wir ja zusammen einmal Unkraut jäten.

Lara Bist du verrückt? Omas Garten ist riesig. Da brauchen wir ja eine Woche!

Jonas Das stimmt. Aber was anderes weiß ich auch nicht. *(seufzt)* Das ist immer ein Stress mit den blöden Weihnachtsgeschenken. Oma hat doch sowieso schon alles …

Lara Ich hab eine Idee. Wir haben doch dieses Foto, das Papa neulich von uns beiden gemacht hat. Da schreiben wir hinten was drauf. Darüber freut Oma sich bestimmt.

Jonas Prima Idee. Ich hol es mal eben.

***Jonas** geht ab und kommt gleich darauf mit dem Foto zurück. **Lara** nimmt das Foto, unterschreibt auf der Rückseite und schiebt es zu **Jonas** hinüber.*

Lara Wunderbar. Dann wäre das mit den Geschenken ja in diesem Jahr auch wieder geschafft.

Jonas Ein Glück! Weihnachten ist jedes Jahr total stressig.

Lara Das stimmt. Aber dass wir Geschenke kriegen, das ist richtig gut.

Jonas Da hast du recht! Hoffentlich krieg ich einen neuen DVD-Player. Mein Videorekorder ist total veraltet.

Lara Und ich wünsche mir schon so lange einen anständigen Fernseher für mein Zimmer. Meiner ist viel zu klein. Echt ätzend.

Jonas Ehrlich, das mit den Geschenken, die man selber bekommt, das ist das einzig Gute an Weihnachten.

Lara Finde ich auch – alles andere ist total überflüssig. *(zieht ihr Handy aus der Hosentasche)* Ich muss unbedingt mal kurz mit Anna telefonieren, mal hören, wie es bei ihr so aussieht. *(wählt und wartet mit dem Handy am Ohr)*

Jonas Na, das kann ja wieder Stunden dauern! – Dann lese ich eben mein neues Manga.

Jonas *zieht ein Comicheft aus der hinteren Hosentasche und lümmelt sich lesend auf einen Stuhl.*
Lara *setzt sich an den Bühnenrand.*

Lara Hallo? Anna? Wie sieht's bei dir aus? – Totaler Weihnachtsstress? – Kenn ich genau. – Nee, unsere Eltern machen noch Einkäufe, aber wenn sie nachher zurückkommen, dann geht's bei uns auch los … Ja. Das musst du mir nicht erzählen. Echt ätzend! – Genau, Baum schmücken, Tisch decken, aufräumen und all den Mist … Alles total überflüssig, wenn du mich fragst. – Du, Anna, hast du gestern Abend auch diesen coolen Fantasyfilm gesehen? Ja, genau den …

Lara *wird leiser und murmelt nur noch ab und zu.*
Während ***Lara*** *telefoniert, kann leise Weihnachtsmusik eingespielt werden, die gegen Ende des Gesprächs lauter wird. Ein paar Sekunden lang herrscht Stille auf der Bühne, man hört nur die friedliche Weihnachtsmusik.*

3. Szene

*Die **Mutter** tritt mit Gepolter auf, lässt seufzend ihre vielen Taschen zu Boden gleiten und setzt sich auf einen Stuhl. Die Weihnachtsmusik verstummt schlagartig.*

Mutter	Meine Güte, war das wieder ein Trubel in der Stadt! Müssen eigentlich alle Menschen ihre Weihnachtseinkäufe am Heiligen Abend machen? Können die das Ganze nicht ein wenig besser planen? *(zieht die Schuhe aus und massiert ihre Füße)*
Jonas	*(schaut kurz von seinem Comic auf)* Du hast doch auch heute eingekauft.
Mutter	*(gereizt)* Was soll das denn heißen? Wann hätte ich es denn sonst machen sollen? In der Firma war in den letzten Tagen der Teufel los – und du und deine Schwester, ihr seid mir auch keine Hilfe. Und euer Vater … *(zuckt mit den Schultern)* Wo ist der eigentlich? *(sieht sich um)*
Jonas	*(murmelt, ohne die Augen vom Comic zu heben)* Keine Ahnung. Ich glaube, er wollte noch was besorgen.
Mutter	*(genervt)* Typisch! Das ist mal wieder typisch. Immer wenn was zu tun ist, dann hat er noch irgendetwas Wichtiges vor. *(steht auf)* Egal, kommt ihr beiden. Ihr müsst mir jetzt helfen. Jonas, trag schon mal die Taschen in die Küche. Und du, Lara, hörst jetzt endlich auf zu telefonieren und fängst schon mal an, den Baum zu schmücken.
Jonas	Oh Mann, ausgerechnet jetzt, wo es so spannend ist.

***Jonas** steht auf, ohne den Blick vom Comic zu heben, und trägt, immer weiter lesend, ganz langsam eine Tasche oder Tüte nach der anderen in die Küche.*

Lara	Den Baum schmücken? ICH? – Das macht Papa immer. Ich kann jetzt nicht! Ich muss unbedingt noch mit Anna über …
Mutter	Du kannst morgen wieder mit Anna telefonieren! *(drückt **Lara** eine Schachtel mit Christbaumschmuck in die Hand)* Jetzt wird der Baum geschmückt. Ich muss schließlich noch das Essen vorbereiten.

*Die **Mutter** nimmt zwei Taschen, Tüten oder Körbe mit Einkäufen und geht in die Küche.*
*Während **Jonas** lesend zwischen Küche und Wohnzimmer hin- und herschlurft und **Lara** gelangweilt Lametta und anderen Glitzerkram in die Tanne hängt, tritt der **Vater** auf. Er versteckt die Pralinen für die Mutter hinter seinem Rücken.*

Vater	Hallo, ihr beiden. – Wo ist Mama?
Lara	In der Küche natürlich, wo sonst.
Vater	Gut, dann kann ich das Geschenk für sie ja *(schaut sich suchend um)* … hier verstecken. *(legt das Geschenk hinter den Tannenbaum)*
Lara	*(grinst)* Tolles Versteck! Wie letztes Jahr und das Jahr davor und …
Vater	*(zuckt mit den Schultern)* Ist ja nicht für lange. Nur bis zur Bescherung. Kommst du mit dem Baum zurecht, Lara?
Lara	Ja, klar. Geht schon, irgendwie.
Vater	Gut, dann hole ich inzwischen die Geschenke und lege sie schon mal unter den Tannenbaum.

Stressige Weihnachtsmusik vom Band im Disco-Rhythmus oder als Popsong. Während die Musik spielt, bereitet die Familie das Zimmer für die Bescherung vor. Keiner hat Spaß daran, die ***Eltern*** *sind beide gehetzt, die* ***Kinder*** *genervt. Die* ***Mutter*** *kommt ab und zu mit einem Kochlöffel aus der Küche und lässt jemanden kosten. Der* ***Vater*** *trägt nach und nach mehrere sehr große, bunt verpackte Kartons auf die Bühne, in denen sich, wie der Zuschauer später erst erfährt, lauter Elektrogeräte befinden.*

4. Szene

*Der **Vater** schaut auf die Uhr und erschrickt sehr. Die Musik verstummt plötzlich.*

Vater Ach du lieber Himmel! Schon 15 Uhr! In zehn Minuten kommt Omas Zug an!

Mutter *(aufgeregt durch die Küchentür)* In zehn Minuten? Und du bist immer noch hier? – Dann steht meine arme Mutter womöglich ganz allein auf dem Bahnsteig, nur weil du es nicht einmal am Heiligen Abend schaffst, pünktlich zu sein!

Vater Ich bitte dich, Schatz! Beruhige dich. Ich fahre sofort los. Mit ein wenig Glück schaffe ich es noch rechtzeitig. – Jonas, wo ist mein Autoschlüssel?

Jonas *(nimmt den Schlüssel vom Tisch und wirft ihn dem **Vater** zu)* Hier, Papa!

*Der **Vater** fängt den Schlüssel und geht eilig ab.*

Mutter Hoffentlich geht das gut! Wenn er jetzt auch noch so rast – nicht auszudenken, wenn er an Weihnachten einen Unfall hat!

Lara Ach, Mama, nun mach dir mal keine Sorgen. Papa kriegt das schon hin.

Vater *(stürmt gereizt ins Zimmer)* So ein Mist! Ausgerechnet heute!

Jonas Papa, was ist passiert?

Lara Ooops! Das ging aber schnell!

Mutter Und wo ist meine Mutter?

Vater Der blöde Wagen – er springt nicht an! Irgendetwas stimmt mit dem Vergaser nicht!

Mutter Und das stellst du ausgerechnet heute fest? Und meine Mutter, die steht jetzt am Hauptbahnhof und …

Vater Beruhige dich, Schatz. Wir rufen sie einfach an. *(nimmt das Telefon und wählt)*

Lara Zum Glück hat Oma ja ein Handy!

Vater Hallo? Mutter? Wie gut, dass ich dich erreiche. – Wo ich bin? Ich bin hier, zu Hause. Das Auto springt nicht an. – Tut mir wirklich leid. – Was meinst du, könntest du dir ein Taxi nehmen? – Wie bitte? Lieber den Bus? *(hält die Hand vor den Hörer, zu den anderen)* Sie will mit dem Bus fahren.

Die ***Mutter*** *schüttelt den Kopf, zuckt mit den Schultern und geht wieder in die Küche.*

Vater *(ins Telefon)* Nein, nein. Das ist natürlich kein Problem. Gut, dann nimmst du den Bus. Den Achtundsiebziger, nicht wahr? – Okay, bis gleich. Wir freuen uns! *(legt erleichtert auf)* Sie nimmt den Bus. Sie wird in zehn Minuten hier sein. *(sinkt auf einen Stuhl)* Immer diese Aufregung!

Jonas *(erschrocken)* Den Bus? Aber – was ist mit den Geschenken?

Lara Du hast recht! – Wie transportiert sie denn unsere Geschenke? Die kann sie doch allein gar nicht alle tragen, oder, Papa?

Der ***Vater*** *zuckt mit den Schultern. Leise, ruhige Weihnachtsmusik. Alle warten.*

5. Szene

Musik klingt aus. Es klingelt. ***Jonas*** *und* ***Lara*** *stürzen zur Tür.*

Jonas Mann, bin ich aufgeregt. Ich bin schon so gespannt, was Oma mir zu Weihnachten schenkt!

Lara Und ich erst! Obwohl – wenn sie alles im Bus transportieren konnte, dann kann es ja diesmal nichts Großes sein.

Lara *öffnet die Haustür. Die* ***Oma*** *tritt lächelnd ein.*

Oma Hallo, meine Lieben! Wie schön, dass ich euch endlich einmal wiedersehe!

Die ***Oma*** *drückt beide Kinder an sich und schiebt sie dann ein Stückchen von sich, um sie besser ansehen zu können.*

Oma Nein, was seid ihr beiden wieder gewachsen! Wenn ich nur daran denke …

Lara und Jonas *(unterbrechen sie im Chor)* … wie klein ihr einmal gewesen seid!

Lara Och, Oma!

Jonas Das sagst du jedes Mal, wenn wir uns sehen.

Oma *(streicht den beiden zärtlich über die Köpfe)* Ich weiß, ich weiß! Ich bin halt jedes Mal wieder überrascht, wie schnell ihr groß werdet. *(wendet sich an die* ***Mutter*** *und umarmt sie)* Hallo, mein Kind! Wie geht es dir? Du hattest sicher wieder sehr viel zu tun.

Mutter Es geht, Mutter. Wie schön, dass du da bist.

Vater *(schüttelt der* ***Oma*** *die Hand)* Willkommen, liebe Schwiegermutter. Hast du mit dem Bus gut hergefunden? Es tut mir wirklich leid, aber das Auto – es ist einfach nicht angesprungen.

Oma Da mach dir mal keine Sorgen. Das war überhaupt kein Problem.

Lara *und* ***Jonas*** *schauen sich suchend um, sie blicken auch noch einmal aus der Tür.*

Lara Aber – du, Oma, wo sind denn …? Ich meine – hast du uns gar keine …?

Jonas Hast du uns diesmal keine Geschenke mitgebracht?

Mutter Kinder, nun benehmt euch aber! – Setz dich doch, Mutter. Wir können gleich mit der Bescherung anfangen und danach trinken wir eine schöne Tasse Tee, nicht wahr?

Oma Tee wäre prima, danke. *(zu den Kindern)* Natürlich habe ich euch etwas mitgebracht. Es ist eine große Überraschung und es ist hier in meiner Handtasche. *(hält eine große Handtasche hoch und zwinkert verschmitzt)*

***Lara** und **Jonas** sind erstaunt und ein wenig enttäuscht, dass es sich offenbar um ein sehr kleines Geschenk handelt.*

Mutter *(zum **Vater**)* Dann fang jetzt bitte mit der Bescherung an. Läute doch endlich mit dem kleinen, silbernen Glöckchen.

Vater Das will ich ja gerne tun, aber – wo ist denn die silberne Glocke?

Mutter Woher soll ich denn das wissen? Du hast sie doch letztes Weihnachten als Einziger benutzt. Wohin hast du sie denn nach der Bescherung gepackt?

Vater Ich?? – Ich soll die Glocke versteckt haben? Du räumst doch hier dauernd alles weg!

Mutter *(sehr genervt)* Das darf doch nicht wahr sein – erst das Theater mit dem Auto und jetzt ist auch noch die Silberglocke verschwunden. *(sinkt verzweifelt auf einen Stuhl und schlägt die Hände vors Gesicht)*

Vater Nur keine Aufregung, mein Schatz. Wenn die Glocke nicht aufzufinden ist, dann nehmen wir eben mein Handy. Da ist bestimmt ein passender Klingelton drauf – wartet mal. *(stellt einen möglichst scheußlichen Klingelton ein und lässt sein Handy klingeln, lächelnd in die Runde)* Frohe Weihnachten, ihr Lieben. Kommt zur Bescherung!

Alle *(durcheinander)* Frohe Weihnachten! Frohe Weihnachten!

***Lara** und **Jonas** stürzen zu dem Berg aus Geschenken. Auch die Erwachsenen beginnen mit dem Auspacken. Der Vater packt die Krawatte aus und umarmt die Mutter. Die restlichen Geschenke werden so ausgepackt, dass jeweils ein Paket geöffnet wird und dann ein Aufschrei erfolgt. Danach wird ein Kabel mit Stecker aus dem Paket gezogen und in die Steckdosenleiste gesteckt.*

Lara Ey, cool! Ein nagelneuer Fernseher! Klasse!

Jonas Mann! Genau so einen DVD-Player hab ich mir gewünscht! Super!

Vater Ein Notebook! Wunderbar, klein und praktisch! Perfekt!

Mutter Eine neue Mikrowelle! In Pink! Sieht richtig futuristisch aus. Herrlich!

Lara Eine Playstation! Cool!

Jonas Mensch! Ich hab noch einen MP3-Player gekriegt! Den kann ich echt gut gebrauchen! – Aber ich muss ihn erst mal aufladen.

Mutter Nein! Was für ein hübscher kleiner Radiorecorder – der passt prima auf das Küchenregal!

Vater Und eine neue Videokamera. Da kann ich ja gleich unser Weihnachtsfest aufnehmen, wenn ich den Akku aufgeladen habe.

Mutter *(zur* ***Oma****, die bisher still lächelnd den Trubel beobachtet hat)* Willst du denn deine Geschenke gar nicht auspacken? *(führt die* ***Oma*** *zu einem Paket)* Schau, ein neuer Fernseher mit Flachbildschirm. Das ist doch wirklich etwas anderes als dein altes Monstrum! *(stöpselt den Stecker in die Steckdosenleiste)*

Oma Ach, wisst ihr, der alte Fernseher tut's doch noch. Der ist ganz in Ordnung.

Vater *(zur* ***Oma****)* Und hier, Mutter, das ist auch noch für dich!

Vater *(nimmt der* ***Oma*** *den Stecker aus der Hand)* Gib mal her, Mutter. Das ist ein Lockenstab. Wenn du mal keine Zeit oder keine Lust hast, zum Friseur zu gehen. *(steckt den Stecker in die Steckdosenleiste)*

Es knallt: Zwei Topfdeckel werden hinter der Bühne aneinandergeschlagen. Gleichzeitig geht das Licht aus. Kurze, erschrockene Stille.

Mutter *(panisch)* Hilfe! Was ist denn jetzt los?

Lara *(kreischt)* Ich seh nichts mehr! Was war das?

Jonas Cool! Bestimmt hat der Blitz in unser Haus eingeschlagen!

Lara Papa! Mach was! Das ist so unheimlich! *(fängt an zu weinen)*

***Vater** wühlt sich im Dunkeln durch das Zimmer, dabei fallen mit Gepolter die Geschenkpakete durcheinander.*

Jonas Was war das? Hast du meinen DVD-Player runtergeschmissen?

Vater Keine Ahnung. Irgendetwas ist umgekippt. Man sieht ja die Hand vor Augen nicht!

Mutter Mach jetzt bloß nicht auch noch die neue Mikrowelle kaputt!

Lara Mama! Papa! Es soll wieder hell werden!

Vater Ich habe den Lichtschalter gefunden – aber er funktioniert nicht! Kein Saft mehr. Totaler Stromausfall. Bestimmt ein Kurzschluss wegen Überlastung. Kein Wunder – bei den ganzen Elektrogeräten, die wir angeschlossen haben …

Mutter Und jetzt? Was passiert mit dem Braten im Ofen? So wird mein Weihnachtsessen nie fertig.

Lara Und die Lichterkette am Weihnachtsbaum leuchtet auch nicht mehr!

Jonas Weihnachten ohne Licht ist öde!

Vater Weihnachten ohne Strom ist gar kein richtiges Weihnachten!

Mutter Weihnachten fällt aus.

***Alle,** bis auf die **Oma,** seufzen.*

6. Szene

Während des Tumults sitzt ***Oma*** *am Tisch, holt im Dunkeln eine Kerze und eine kleine Bibel aus ihrer Handtasche und legt beides auf den Tisch. Dann nimmt sie ein Streichholz aus der Schachtel und zündet die Kerze an. (Da das Kerzenlicht allein nicht ausreicht, um die Gesichter der Schauspieler zu erhellen, sollte eine kleine Lampe oder ein kleiner Scheinwerfer direkt auf den Tisch gerichtet sein und gleichzeitig mit dem Anzünden der Kerze angeschaltet werden.)*

Lara — Du hast eine Kerze dabei, Oma? Das ist ja toll! *(setzt sich an den Tisch und schaut in die Kerzenflamme)*

Jonas — Das sieht richtig gemütlich aus! *(setzt sich neben* ***Lara*** *und schaut ebenfalls in die Kerze)*

Vater — *(ein wenig gerührt)* Das ist ja wie früher. Zu Hause, bei meinen Eltern, da hatten wir auch echte Kerzen. Schön! *(setzt sich ebenfalls an den Tisch und blickt in die Flamme)*

Mutter — Das ist irgendwie anders mit der Kerze – so stimmungsvoll. Wie schön, dass du zufällig eine Kerze dabei hast, Mutter. *(setzt sich zu den anderen)*

Leise Weihnachtsmusik kommt vom Band. ***Alle*** *sind still und sehen sehr zufrieden aus. Nach einer Weile steht* ***Vater*** *auf und holt tastend die Pralinen hinter dem Tannenbaum hervor.*

Vater — Wenn es schon keinen Braten gibt, dann können wir ja wenigstens die Pralinen hier essen. *(öffnet die Schachtel und stellt sie auf den Tisch,* ***alle*** *bedienen sich)*

Alle — Lecker! – Delikat! – Die sind ja toll! – Mmmmh! – Super! – Die beste Schokolade, die ich je gegessen habe!

Mutter — *(zur* ***Oma****)* Weißt du noch, früher, da hast du uns immer die Weihnachtsgeschichte vorgelesen – das war jedes Mal so schön. Ich mochte das als Kind sehr!

Oma — Das können wir ja jetzt auch machen. Hier habe ich meine kleine Bibel. Ich lese euch die Weihnachtsgeschichte gerne vor. *(zu den Kindern)* Was haltet ihr davon?

Lara — Au ja! Vorlesen ist toll!

Jonas — Warum nicht? Ohne Strom können wir ja sowieso nichts anderes machen.

Vater	*(lehnt sich zurück und nimmt noch eine Praline)* Na, dann fang mal an, Mutter!
Oma	*(liest: Lukas, Kapitel 2, Verse 1 – 20)* In jenen Tagen erließ Kaiser Augustus den Befehl, alle Bewohner des Reiches in Steuerlisten einzutragen. Dies geschah zum ersten Mal: Damals war Quirinius Statthalter von Syrien. Da ging jeder in seine Geburtsstadt, um sich eintragen zu lassen. So zog auch Josef von der Stadt Nazareth in Galiläa hinauf nach Judäa in die Stadt Davids, die Bethlehem heißt, denn er war aus dem Haus und Geschlecht Davids. Er wollte sich eintragen lassen mit Maria, seiner Verlobten, die ein Kind erwartete. Als sie dort waren, kam für Maria die Zeit ihrer Niederkunft und sie gebar ihren Sohn, den Erstgeborenen. Sie wickelte ihn in Windeln und legte ihn in eine Krippe, weil in der Herberge kein Platz für sie war. In jener Gegend lagerten Hirten auf freiem Feld und hielten Nachtwache bei ihrer Herde. Da trat der Engel des Herrn zu ihnen und der Glanz des Herrn umstrahlte sie. Sie fürchteten sich sehr, der Engel aber sagte zu ihnen: „Fürchtet euch nicht, denn ich verkünde euch eine große Freude, die dem ganzen Volk zuteil werden soll. Heute ist euch in der Stadt Davids der Retter geboren; er ist der Messias, der Herr. Und das soll euch als Zeichen dienen: Ihr werdet ein Kind finden, das, in Windeln gewickelt, in einer Krippe liegt." Und plötzlich war bei dem Engel ein großes himmlisches Heer, das Gott lobte und sprach: „Ehre sei Gott in der Höhe und Friede auf Erden bei den Menschen seines Wohlgefallens." Als die Engel sie verlassen hatten und in den Himmel zurückgekehrt waren, sagten die Hirten zueinander: „Kommt, wir gehen nach Bethlehem, um das Ereignis zu sehen, das uns der Herr verkünden ließ." So eilten sie hin und fanden Maria und Josef und das Kind, das in der Krippe lag. Als sie es sahen, erzählten sie, was ihnen über das Kind gesagt worden war. Und alle, die es hörten, staunten über die Worte der Hirten. Maria aber bewahrte alles, was geschehen war, in ihrem Herzen und dachte darüber nach. Die Hirten kehrten zurück, rühmten Gott und priesen ihn für das, was sie gehört und gesehen hatten, denn alles war so gewesen, wie es ihnen gesagt worden war.
Lara	Schöööön!
Jonas	Die Geschichte geht aber noch weiter – da kommen dann noch diese Könige und die bringen Schätze mit.
Lara	Und ein Ochse und ein Esel, die waren doch auch noch dabei, oder?
Vater	*(legt der **Mutter** den Arm um die Schultern)* So war Weihnachten bei mir zu Hause: ruhig, ein wenig geheimnisvoll und feierlich.

Mutter Ich glaube, das liegt auch ein wenig am Vorlesen. Man wird ganz ruhig und hört einfach nur noch zu.

Oma *(lächelt)* Da ist was dran, mein Kind! Vorlesen ist etwas ganz Wunderbares. *(zu **Lara** und **Jonas**)* Deshalb habe ich euch beiden diesmal auch ein ganz besonderes Weihnachtsgeschenk mitgebracht!

*Die **Oma** zieht ein dickes Buch aus der großen Handtasche und reicht es den **Kindern**, die sofort darin blättern.*

Jonas Toll! Schau mal, Lara, Abenteuergeschichten von Piraten!

Lara Und von Prinzessinnen!

Jonas Und Zauberergeschichten!

Lara Und Drachengeschichten!

Oma Ich dachte, da ist für jeden von euch etwas dabei.

Jonas Bestimmt! – Vielen Dank, Oma!

Lara Wir können das Buch ja schon selber lesen, aber ich fänd es am schönsten, wenn ihr es uns vorlesen würdet, Mama!

Mutter Da hast du recht. Das wäre besonders schön. Und das lässt sich sicher machen, nicht wahr? *(schaut den Vater an)*

Vater Aber natürlich! Wir werden uns jeden Abend gemütlich zusammensetzen und eine Geschichte aus dem neuen Buch lesen. Versprochen!

Lara Und ich finde, wir fangen damit heute schon an! *(schlägt das Buch auf)*

Jonas Genau! Und zwar sofort! Weil heute doch Weihnachten ist! *(schiebt das Buch zum **Vater**)*

Vater *(lachend)* Na gut. *(zieht das Buch zu sich heran und beginnt zu lesen)* In alten Zeiten, als das Wünschen noch geholfen hat, gab es einmal … *(wird leiser)*

*Weihnachtsmusik setzt ein. Der **Vater** liest vor. **Alle** lauschen friedlich, die Musik klingt aus. Licht aus. Vorhang.*

4. Stück: Der Dieb in der Kirche

Spieldauer
eine Szene, ca. 20 Minuten

Anzahl der Personen
Um den vorliegenden Rollentext unverändert zu spielen, benötigen Sie 19 Darsteller. Falls Sie mehr Schauspieler beschäftigen wollen, so erfinden Sie einfach weitere Schüler, Jugendliche oder Studenten.

Bühnenbild
Sie brauchen nur ein einziges Bühnenbild: den Kircheninnenraum mit Altar und Krippe, hinter der Bilder von Maria und Josef stehen. Ein Tisch mit einem weißen Tuch als Altar, darauf eventuell zwei Kerzen oder eine Vase mit künstlichen Blumen, genügt. Über dem Altar hängt ein schlichtes Kreuz aus Pappe oder dünnen Latten. Auf sehr einfache Weise lassen sich z. B. bunte Kirchenfenster herstellen: Drucken Sie auf DIN-A3- und DIN-A4-Blättern viele Mandalas aus und lassen Sie diese von den Kindern farbig ausmalen und ausschneiden. Wenn Sie diese Bilder auf große Pappen kleben und mit einem dunklen Fensterrahmen versehen, erhalten Sie sehr effektvolle Kirchenfenster, die Sie im Bühnenhintergrund oder an den Wänden aufhängen können.

Kostümvorschläge
Als Kostümierung reichen schon Kleinigkeiten. Die Kinder können von zu Hause Schürzen, Tücher und Hüte mitbringen. Die Putzfrau trägt ein Kopftuch und eine Schürze, der Pastor eine dunkle Hose, einen dunklen Pullover und ein weißes Hemd. Daniel muss eine Jacke mit Reißverschluss anhaben.

Requisiten
- Roller
- Krippe (z. B. ein Weidenkorb, ein Karton oder eine kleine Holzkiste), gefüllt mit ein wenig Stroh
- kleine Babypuppe als Jesuskind
- Staubwedel oder Wischtuch für die Putzfrau
- großer Schlüsselbund für den Küster
- Schulranzen und Schreibzeug für die Schüler
- Stift und Notizbuch für den Polizisten
- Brief und Stift für die Gemeindesekretärin
- Zeigestock für den Professor
- Schreibblöcke und Stifte für die Studenten
- MP3-Player und Kaugummi für die Jugendlichen
- Schnapsflasche und Pappbecher für den Bettler

Weiterführende Anregung für den Unterricht
Im Zusammenhang mit dem Stück „Der Dieb in der Kirche" bietet es sich an, mit den Schülern über Vorurteile und vorschnelle Verurteilungen zu sprechen. Auch im Schulalltag kommt es vor, dass Äußerungen wie „Das war bestimmt …! Der macht immer Quatsch!" fallen, sei es von Klassenkameraden oder auch einmal von einem Lehrer. Lassen Sie die Kinder im Stuhlkreis von solchen Situationen berichten und besprechen Sie dann mit ihnen, wie ungerecht Vorverurteilungen und Vorurteile sind.

Der Dieb in der Kirche

Rollen

Daniel
Putzfrau
Pastor
Küster
Mutter
Sohn
Tochter
Polizist
Lehrerin
Schüler
Schülerin 1
Schülerin 2
Gemeindesekretärin
Professor
Student
Studentin
Jugendlicher
Jugendliche
Bettler

Vorhang auf. Licht an. Eventuell leise Musik vom Band.
***Daniel** tritt auf. Er schiebt seinen Roller vorsichtig durch die Kirche. Vor der Krippe bleibt er nachdenklich stehen. Nach einer Weile bückt er sich und hebt das Jesuskind behutsam aus der Krippe, öffnet den Reißverschluss seiner Jacke und steckt das Jesuskind ein. Er schließt den Reißverschluss wieder und fährt mit seinem Roller einen großen Kreis.*
*Die **Putzfrau** tritt auf, sie trägt einen Staubwedel oder ein Wischtuch und geht zum Altar.*

Putzfrau *(murmelt)* Ach je, ach je! – Nach Weihnachten ist aber auch immer viel zu tun … *(entdeckt **Daniel**)* Was will der denn hier? Mit dem Roller in der Kirche. So etwas habe ich ja noch nie gesehen! Das ist ja unerhört! Unsere Kirche ist doch kein Spielplatz! *(ruft laut)* Hallo, du da! Was machst …

*In diesem Moment verlässt **Daniel** mit seinem Roller und dem Jesuskind die Kirche (Bühne). Er hat das Rufen der **Putzfrau** nicht gehört.*

Putzfrau *(schüttelt ungehalten den Kopf)* Alles, was recht ist. So geht das nicht! Eine Kirche ist doch kein Spielplatz! Was den Kindern heutzutage alles einfällt. Unglaublich!

*Die **Putzfrau** nähert sich staubwischend dem Altar, rückt die Kerzen oder die Vase zurecht, summt beim Arbeiten ein Lied und wendet sich der Krippe zu. Dann entdeckt sie das fehlende Jesuskind.*

Putzfrau Um Himmels willen! Unser Herr Jesus ist verschwunden! Hier in der Krippe hat er immer gelegen und jetzt – weg! Einfach weg! *(verzweifelt)* Wie kann so etwas nur passieren? Das Jesuskind geklaut! Mein Gott, wie furchtbar! *(überlegt einen Augenblick)* Ob das vielleicht der Junge eben … Möglich ist heutzutage ja alles. Wer in der Kirche Roller fährt, der stiehlt sicher auch das Jesuskind. Ich will sehen, ob ich ihn noch erwische.

*Die **Putzfrau** läuft zur (imaginären) Kirchentür, durch die **Daniel** verschwunden ist, und schaut aufgeregt hinaus.*

Putzfrau Haltet den Dieb! Halt! Hallo! *(schaut nach allen Seiten)* Weg ist er. Einfach verschwunden. Unglaublich. Was mache ich denn jetzt? – Ich muss den Herrn Pastor holen.

*Die **Putzfrau** geht ab und kommt kurz darauf mit dem **Pastor** zurück.*

Pastor Bitte beruhigen Sie sich doch, liebe Frau Schmidt. Was ist denn nun genau mit unserem Jesuskind geschehen?

Putzfrau Es ist weg! Sehen Sie nur selbst. *(zieht den **Pastor** zur Krippe und zeigt darauf)* Unser Herr Jesus ist verschwunden. Das kann nur der Junge mit dem Roller gewesen sein. Der hat ihn gestohlen!

Pastor Also, wenn ich Sie richtig verstanden habe, dann war in der Kirche ein Junge mit einem Roller?

*Die **Putzfrau** nickt.*

Pastor Und Sie haben beobachtet, wie dieser Junge das Jesuskind aus der Krippe genommen hat und damit verschwunden ist?

Putzfrau *(nickt eifrig)* Genau. Dort ist er hinausgefahren. Das habe ich genau gesehen. Und als ich dann den Altar abgestaubt habe, da habe ich entdeckt, dass unser Herr Jesus verschwunden ist, und dann bin ich noch hinter dem Jungen hergelaufen und habe gerufen …

Pastor Also haben Sie gar nicht gesehen, dass der Junge das Jesuskind aus der Krippe genommen hat?

Putzfrau *(ein wenig verlegen)* Na ja, so ganz direkt gesehen habe ich es nicht. – Aber Roller ist er gefahren. Hier in der Kirche. Wenn das nicht verdächtig ist. Das macht man doch einfach nicht! In der Kirche rollern! Und dann war er auf einmal weg und …

*Der **Küster** tritt auf. Er klappert mit seinem großen Schlüsselbund.*

Küster Guten Morgen, Herr Pastor. Ich will Sie nicht stören, aber wir müssten unbedingt über die Lieder für den nächsten Gottesdienst … *(sieht die aufgeregte **Putzfrau**)* Hallo, Frau Schmidt. Was ist denn passiert? Sie sind ja völlig durcheinander.

Pastor Guten Morgen, Herr Pfeiffer.

Putzfrau Herr Pfeiffer! Wie gut, dass Sie kommen. Wir müssen etwas unternehmen. Eben war hier ein Junge – mit seinem Roller. Er ist in der Kirche herumgefahren – und jetzt ist er weg und …

Küster Zum Glück ist er weg! Wenn ich den erwischt hätte! Mit dem Roller in unserer schönen Kirche! Dem hätte ich was erzählt! Das können Sie mir glauben!

Putzfrau Ja, der Junge ist weg – aber unser Herr Jesus ist auch verschwunden. Es ist schrecklich!

Küster *(läuft zur Krippe und schaut hinein)* Das Jesuskind! Verschwunden? Was heißt hier verschwunden? Gestohlen! Entwendet! Geklaut! – Wie sah der Dieb aus?

*Die **Mutter**, der **Sohn** und die **Tochter** treten auf und hören neugierig zu.*

Pastor Herr Pfeiffer! Frau Schmidt! Ich bitte Sie! Wir wissen nicht, ob der Junge das Jesuskind mitgenommen hat. Niemand hat ihn auf frischer Tat ertappt. Wir sollten mit den Verdächtigungen ganz vorsichtig sein.

Putzfrau Wer soll es denn sonst gewesen sein?

Küster Genau! Kindern, die sich in der Kirche nicht zu benehmen wissen, traue ich alles zu. Außerdem hat Frau Schmidt ihn ja gesehen. Ich hole schon mal die Polizei. Die wird den Dieb sicher finden.

*Der **Küster** geht ab.*

Putzfrau *(ruft dem **Küster** hinterher)* Das ist eine gute Idee!

Mutter Kommt schnell, Kinder. Dann kriegen wir noch einen guten Platz ab, bevor Herr Pfeiffer gleich mit dem Polizisten kommt, und ihr könnt aus nächster Nähe sehen, wie unsere Polizei arbeitet.

*Die **Mutter** zieht die **Kinder** hinter sich her und sieht sich neugierig um.*

Mutter Wo ist es denn, das kriminelle Kind, das unsere Kirche ausgeraubt hat?

Putzfrau Der Dieb ist leider schon verschwunden. Ich habe ihn nicht mehr aufhalten können. Er hatte nämlich einen Roller. Er war zu schnell für mich!

Sohn *(zur **Tochter**)* Wie cool! Der Dieb war mit dem Roller in der Kirche! Irre!

Tochter Klar, das geht bestimmt prima, hier ist ja so viel Platz! Das würd ich auch gern mal probieren!

Putzfrau So ein Unsinn! In der Kirche Roller fahren. Womöglich auch noch Inline skaten und Fahrrad fahren, was? Unmöglich, die heutige Jugend, einfach unglaublich!

***Sohn** und **Tochter** nicken begeistert. Die **Mutter** legt dem **Sohn** und der **Tochter** die Arme um die Schultern.*

Mutter *(zur **Putzfrau**)* Wie reden Sie denn über meine Kinder? Meine beiden sind wohlerzogen – was man offenbar nicht von allen Ihren Kirchenbesuchern sagen kann!

Sohn Wo ist denn nun der Dieb? Wir wollen auch mal einen echten, lebendigen Dieb sehen.

Tochter Genau! Nicht immer bloß die Verbrecher im Fernsehen, die sind langweilig!

Putzfrau Der Dieb ist leider flüchtig. Aber schaut euch ruhig die Krippe an, aus der unser Herr Jesus verschwunden ist!

*Die **Mutter** geht mit dem **Sohn** und der **Tochter** zur Krippe. Der **Küster** und der **Polizist** treten auf, gefolgt von der **Lehrerin** und den **Schulkindern.** Die **Putzfrau** läuft aufgeregt auf den **Polizisten** zu.*

Putzfrau Wie gut, dass Sie kommen! Sie müssen ihn verhaften!

Polizist *(zur **Putzfrau**)* Nur keine Aufregung, gute Frau. Dafür sind wir doch da! Die Polizei – dein Freund und Helfer! Wo ist denn der Übeltäter?

Putzfrau *(sehr aufgeregt)* Das ist ja gerade das Furchtbare! Er hat unseren Herrn Jesus geraubt und ist geflohen!

Lehrerin *(zu den **Schülern**)* Eigentlich wollte ich mit euch ja die Kirche besichtigen. Aber mir scheint, was hier passiert, ist noch viel lehrreicher. Wir können die Polizei beobachten, wie sie einen Verbrecher überführt und verhaftet! *(klatscht in die Hände)* Also: Hopp, hopp! Sofort in Zweierreihen aufstellen!

Schülerin 1 *(zu den anderen Schülern)* Habt ihr gehört? Die Polizei sucht einen Dieb!

Schüler Endlich passiert mal etwas Spannendes im Unterricht. Eine Verbrecherjagd.

Schülerin 2 Wie ich Frau Behrens kenne, müssen wir morgen bestimmt einen Aufsatz darüber schreiben!

Schülerin 1 Na klar! Das müssen wir ganz sicher!

Schüler Och nee! Das meinst du doch nicht im Ernst.

Schülerin 2 Ich glaub schon. – Ich schreib lieber gleich mit.

***Schülerin 2** holt ein Heft und einen Stift aus ihrem Ranzen.*

Schülerin 1 *(wühlt auch in ihrem Ranzen)* Du hast recht! Ich mach das auch. Sicher ist sicher!

Schüler Ich hab keine Lust, mitzuschreiben … *(hat eine gute Idee)* Du, Anja, ich kann doch morgen in der Pause bei dir abschreiben, oder?

Schülerin 2 Wieso denn immer bei mir?

Schülerin 1 *(zum **Schüler**)* Ich geb dir einen guten Tipp: Wie wäre es, wenn du einfach mal selber arbeiten würdest?

Lehrerin Ruhe, Kinder! Passt lieber auf, wie unsere Polizei arbeitet.

Polizist *(zum **Pastor**)* Nun sagen Sie mir doch bitte, was hier vorgefallen ist. Wer hat wann was wo gestohlen?

Pastor Verzeihen Sie, aber das kann ich Ihnen nicht genau sagen. Das Jesuskind ist aus der Krippe verschwunden und unsere Frau Schmidt *(deutet auf die **Putzfrau**)* hat einen Jungen mit einem Roller gesehen …

Putzfrau Den Dieb! Ich habe den Dieb genau beobachtet und …

Polizist Wunderbar! Sie haben den Dieb auf frischer Tat ertappt. Was will man mehr?

Pastor Mein Herr, ganz so einfach ist die Sache nun wohl doch nicht. Frau Schmidt hat nicht …

*Der **Polizist** kümmert sich nicht um den Pastor, sondern wendet sich an die **Putzfrau.***

Polizist Dann erzählen Sie mir doch einfach genau, was Sie gesehen haben.

*Der **Polizist** und die **Putzfrau** gehen ein wenig zur Seite. Der **Polizist** macht sich Notizen in seinem Notizbüchlein.*

Putzfrau Mit dem Roller ist er hier in unserer Kirche herumgefahren! – Erst Roller fahren und dann den Herrn Jesus …

*Bei den letzten Worten der **Putzfrau** eilt die **Gemeindesekretärin** herein.*

Gemeindesekretärin Ach hier sind Sie, Herr Pastor! Würden Sie diesen Brief bitte unterschreiben? – Wer fährt Roller? Unser Herr Jesus fährt Roller? *(bleibt wie angewurzelt stehen)*

Putzfrau Natürlich nicht! Er hat ihn geklaut!

Gemeindesekretärin Unser Herr Jesus hat etwas geklaut?

Mutter Nein, der Junge mit dem Roller hat ihn geklaut.

Schüler und Schülerin 1 *(laut im Chor)* Er hat ihn eingesteckt und ist abgehauen!

Lehrerin *(zum **Polizisten**)* Also, in meine Klasse geht der aber nicht!

Gemeindesekretärin *(völlig verwirrt)* Wer hat denn nun was geklaut? Und wer hat wen eingesteckt? Und wohin ist er abgehauen? Und was, in aller Welt, hat unser Herr Jesus damit zu tun?

*Der **Pastor** legt der **Gemeindesekretärin** einen Arm um die Schultern.*

Pastor Machen Sie sich keine Gedanken, meine Liebe. Soweit ich das Ganze verstehe, hat niemand gesehen, dass irgendjemand irgendetwas gestohlen hat. – Geben Sie mir mal den Brief und drehen Sie sich um. *(legt den Brief auf den Rücken seiner **Sekretärin** und unterschreibt ihn)*

Putzfrau (*zum **Polizisten***) Na ja, genau gesehen hab ich es wirklich nicht. – Aber der Junge mit seinem Roller ist abgehauen und dann war das Jesuskind weg. Wer soll es denn sonst gewesen sein?

Küster Den Kindern von heute traue ich alles zu! So laut und wild und unhöflich, wie die immer sind!

Sohn Was soll das denn heißen?

Tochter Nur weil er Roller gefahren ist und weil er noch nicht so ein Grufti ist wie Sie?

Küster *(schnappt nach Luft)* Grufti!?! Ich … das … das ist unerhört!

Sohn Deshalb soll er der Dieb sein? Vorurteile haben Sie wohl gar keine, was?

*Die **Mutter** zieht ihre beiden Kinder beschwichtigend vom **Küster** weg. Der **Professor** mit seinen **Studenten** tritt auf. Während der **Professor** spricht, zeigt er mit seinem Zeigestock mal nach rechts, mal nach links und die Köpfe der **Studenten** folgen ihm immer aufmerksam. Die **Studenten** machen sich Notizen.*

Professor Diese Kirche wurde im Jahr 1722 von König Max erbaut, dessen Bild Sie dort drüben sehen.

Student *(schreibt murmelnd)* 1722, König Max, Bildnis …

Professor Der Altar allerdings ist neueren Datums. 1990 wurde er von dem Künstler Otto Schuster entworfen.

Studentin *(schreibt murmelnd)* Altar, 1990, Otto Schuster. *(entdeckt die Menschen, die um die Krippe herumstehen)* Herr Professor! Herr Professor! Ist das nicht sehr ungewöhnlich? *(zeigt auf die Menschen)*

Professor *(irritiert)* Ungewöhnlich? Was ist denn an einem Altar in einer Kirche ungewöhnlich?

Studentin Doch nicht der Altar! Ich meine die Menschen, die dort alle in die Krippe schauen.

Professor Es ist durchaus üblich, dass man in Kirchen Menschen findet, die beten oder andächtig die Weihnachtskrippe betrachten.

Student Na, so besonders andächtig wirken die Leute aber nicht. Sie sehen eher ziemlich aufgeregt aus.

Professor *(nickt nachdenklich)* Sie haben recht – hier scheint eine gewisse Aufregung zu herrschen. *(zum **Pastor**)* Was ist denn passiert?

Pastor Wir mussten leider feststellen, dass unser Jesuskind aus der Weihnachtskrippe verschwunden ist.

Mutter Nein, da muss ich widersprechen, Herr Pastor! Nicht einfach nur verschwunden – gestohlen! Das Jesuskind wurde von einem Roller fahrenden Jungen entwendet!

***Alle** nicken bedeutungsvoll.*

Pastor *(schüttelt den Kopf)* Aber! Niemand hat gesehen, wie der Junge den Diebstahl beging. Und außerdem ist er verschwunden.

Küster *(verschwörerisch)* Genau: verschwunden, abgehauen! Wenn das kein Beweis seiner Schuld ist!

Alle bis auf den Pastor *(durcheinander)* Genau! – Unseren Herrn Jesus! – Die Putzfrau hat ihn doch gesehen. – Er muss ihn geklaut haben! – Bestimmt hat er ihn unter seine Jacke gesteckt! – Kaum zu glauben! – Und niemand tut etwas!

***Alle** reden weiter aufgeregt durcheinander. Die Sprechenden werden nach und nach leiser, ihre Stimmen vermischen sich zum Klangteppich der „murmelnden Volksmenge“ (siehe Seite 10/11).*

*Die **Jugendlichen** treten auf. Sie hören gemeinsam Musik, indem jeder von ihnen einen Kopfhörerstöpsel eines MP3-Players im Ohr hat. Beide kauen Kaugummi. Als sie den aufgeregten Personenkreis sehen, bleiben sie plötzlich stehen.*

Jugendlicher Ey, Mann! Cool! Schau mal, was hier los ist.

Jugendliche Irre! Hier ist ja voll die krasse Party!

Jugendlicher Und das in der Kirche!

Jugendliche Das hätt ich echt nicht gedacht!

*Die **Jugendlichen** schließen sich dem Kreis der aufgeregten Personen an.*

*Der **Bettler** tritt auf. Er ist schon etwas beschwipst, schwankt und lallt ein wenig.*

Bettler Nanu? – Was sehen meine entzündeten Augen? So viele Leute. Na so was. *(nimmt einen kräftigen Schluck aus der Flasche)* Mal sehen, ob ich hier was abstauben kann.

*Der **Bettler** geht nun zu jedem einzelnen Spieler, stubst ihn an und hält ihm seinen Bettelbecher hin.*

Bettler *(lallt)* Haste mal'n Euro?

*Während der **Bettler** von Person zu Person geht und bettelt, fährt **Daniel** seelenruhig in die Kirche und bleibt ein Stück vom Altar entfernt stehen. Jeder, den der **Bettler** anspricht, verstummt, schaut zuerst den **Bettler** an und entdeckt dann **Daniel**. Schließlich starren **alle** bewegungslos und still auf den Jungen mit dem Roller. Zuletzt geht der **Bettler** zum **Pastor**, der sofort etwas Kleingeld in den Becher wirft und dem **Bettler** dann einen Arm um die Schultern legt. Stille. **Alle** starren erstaunt auf **Daniel** und frieren ein.*
***Daniel** fährt zur Krippe, legt oder stellt den Roller ab, öffnet den Reißverschluss seiner Jacke und holt das Jesuskind ganz vorsichtig hervor. Dann legt er es liebevoll zurück in die Krippe, deckt es sorgfältig zu und tritt ein paar Schritte zurück.*

Daniel *(winkt dem Jesuskind)* Auf Wiedersehen! *(nimmt den Roller und will losfahren)*

***Alle Anwesenden** sind total verblüfft. Sie zeigen mit dem Finger auf **Daniel**, reißen die Münder weit auf oder zeigen auf andere Weise ihr Erstaunen.*

Pastor *(geht auf **Daniel** zu)* Bitte, warte doch mal einen Moment!

***Daniel** bleibt stehen und schaut den **Pastor** fragend an.*

Pastor Sag mal, was hast du denn mit dem Jesuskind gemacht?

Daniel Wir sind einmal um den Block gefahren. Ich hab's dem Christkind doch versprochen: Wenn es mir einen Roller zu Weihnachten bringt, dann darf es auch einmal mitfahren!

***Alle** frieren ein.*

*Zum Abschluss singen **alle** gemeinsam das Lied „Der Weihnachtsroller".*
Licht aus. Vorhang.

Der Weihnachtsroller

Text: Barbara Peters
Musik: Susanne Geilke

2. Es blieb zwar von dem Weihnachtsfest,
   von Glanz und Kerzenschein,
   nur noch ein kleiner Plätzchenrest –
   doch Krümel schmecken fein!

3. In meinem Zimmer aber steht
   ein Roller, nagelneu!
   Das war ein riesiges Paket,
   wie ich mich drüber freu!

4. Mit meinem Roller fahre ich
   zum Spielplatz und ums Haus.
   Ich bin so schnell, ihr seht mich nicht!
   Ich rase mit Gebraus!

5. Der Roller fährt mit mir durchs Jahr,
   durch Frühlingswiesen weit,
   durch Sommer, Herbstwind und – na klar –
   zur nächsten Weihnachtszeit!

Weihnachtsrevues

Die Zusammenstellung und Aufführung einer Weihnachtsrevue mit einer Theatergruppe ist ein ganz besonderes Projekt, da alle Schüler an der Gedicht- und Liedauswahl beteiligt werden können. Als Lehrerin oder Lehrer können Sie die Dauer der Revue bestimmen und die Aufführung ganz auf Ihre Gruppe zuschneiden. So lässt sich für jedes Kind leicht eine passende Aufgabe finden. Durch die Vielfalt der auftretenden Personen werden außerdem mögliche Auseinandersetzungen um die Hauptrollen vermieden. Kindern, die noch nie auf einer Bühne gestanden haben, fällt es zudem leichter, frei vor einer größeren Zuschauergruppe zu sprechen, wenn ihr Text überschaubar ist. Da sich Gedichte auch leichter auswendig lernen lassen als Prosa-Sprechtexte, ist ein Gedichtvortrag eine gute Vorübung für das Erlernen längerer Rollentexte.

Haben Sie gemeinsam mit Ihrer Gruppe eine Anzahl von Gedichten und Liedern für die Revue ausgewählt, stellt sich die Frage, wie Sie die einzelnen Bausteine kombinieren und verbinden wollen. Für eine Weihnachtsvorstellung bietet sich besonders eine thematische Gruppierung der Texte an. Beginnen Sie die Revue beispielsweise damit, den Winter auf der Bühne einziehen zu lassen: Kälte, erster Schnee, Schlittschuhlaufen und das Bauen eines Schneemanns sind geeignete Motive. Lassen Sie dann langsam Adventsstimmung einkehren. Das Backen von Plätzchen und die Ereignisse am Nikolaustag bieten sich als Themen an. Allmählich rückt nun das Weihnachtsfest näher, wobei Sie natürlich auch auf die biblische Weihnachtsgeschichte eingehen können, wenn sich Schüler für entsprechende Gedichte entschieden haben oder den Kindern passende Lieder bekannt sind.

Im Anschluss an diese Vorbemerkung finden Sie vier thematisch aufgebaute Revueprogramme, wobei die Vorschläge 1 und 2 ausführlich präsentiert werden; zu den Vorschlägen 3 und 4 finden Sie eine Auswahl geeigneter Lieder und Gedichte. Lassen Sie sich von den Vorschlägen inspirieren und wandeln Sie sie nach Belieben ab. So erhält Ihre Revue den individuellen Stempel Ihrer Gruppe. Beim ersten Vorschlag, „Winterspaziergang mit Schneemann“, übernimmt ein Schneemann die Rolle des Moderators, der durch das Programm führt und den Zuschauern von seinen Wintererlebnissen erzählt. Mehrere Kinder führen das Publikum durch die abenteuerliche Revue „Winterfreuden“, die wir Ihnen danach vorstellen. „Tiere im Winter“, der dritte Vorschlag, stellt den Winter ausschließlich aus der Sicht verschiedener Tiere dar, und „Durch Winter und Advent zum Fest“, der vierte Vorschlag, nimmt das Publikum mit auf einen winterlichen Spaziergang durch die vorweihnachtliche Zeit bis zum Heiligen Abend. Natürlich kann das Programm auch dadurch „Revuecharakter“ bekommen, dass ein Schüler wie ein Fernsehmoderator durch das Programm führt und die einzelnen Programmteile zu einem großen Ganzen verbindet.

In jeder Gruppe gibt es Kinder, die Spaß daran haben, eigene Spielszenen, Gedichte oder kurze Geschichten zu erfinden. Wenn Sie genug Zeit zur Verfügung haben, geben Sie ihnen die Möglichkeit dazu. So bekommt Ihre Revue eine noch deutlichere individuelle Note. Für die Entwicklung von Spielszenen eignen sich besonders Auszüge aus Kinderbüchern, die die Schüler schon gelesen haben. Die Schneemannszene aus Ottfried Preußlers „Die kleine Hexe“ oder das Bilderbuch „Eine Geschichte vom Nikolaus“ von Mira Lobe sind dafür beispielsweise ideal.

Gestalten Sie den Bühnenhintergrund winterlich-weihnachtlich, sodass er zu den ausgewählten Texten passt. Auch Winterbilder der Kinder oder gebastelte Weihnachtssterne können dafür verwendet werden. Effektvoll wirken Sterne oder Wattebällchen, die auf einen dunklen Untergrund geklebt oder genäht werden.

Für die Kostümierung der Schauspieler reichen winterliche Kleidungsstücke, die jedes Kind von zu Hause mitbringen kann: dicke Jacken, Mützen, Handschuhe, Stiefel und Schals. Wenn Sie Tiere auftreten lassen, genügt es, sie durch Masken aus Pappkarton anzudeuten. Ein Schneemann sollte weiß gekleidet sein, kann einen dicken Kissenbauch haben und eine weiße, runde Maske mit schwarzen Augen und Möhrennase tragen.

1. Weihnachtsrevue: Winterspaziergang mit Schneemann

Requisiten
- Besen und schwarzer Hut für den Schneemann
- Hocker oder kleine Leiter, bedeckt mit einem weißen oder braunen Tuch, als Baum für das Eichhörnchen

Zusätzliches Gedicht
Georg Bydlinski: Im Advent (aus: Wasserhahn und Wasserhenne, Wien: Dachs Verlag 2002)

Zusätzliche Lieder
Schneeflöckchen, Weißröckchen
Leise rieselt der Schnee

Rollen

Schneemann
Kinder 1 bis 13
mehrere Bäume
Erzähler
Eichhörnchen
Maus
Fuchs
Meise
Kaninchen
Hase
Elster

---

*Zu Beginn ist auf der Bühne nur der zusammengekauerte **Schneemann** zu sehen. Die **gesamte Gruppe** singt:* Schneeflöckchen, Weißröckchen. *Drei oder vier **Kinder** treten währenddessen auf und bauen den **Schneemann**. Am Ende des Liedes steht er stolz mit einem Besen in der Hand auf der Bühne. Zum letzten Vers des Liedes tanzen die **Kinder** um den **Schneemann** herum. **Kinder** ab.*

Schneemann Herrlich! Endlich ist wieder Winter! Ich liebe den Schnee!

***Kind 1** tritt auf und trägt das Gedicht* Im Advent *von Georg Bydlinski vor.*
*Die **gesamte Gruppe** singt* Leise rieselt der Schnee.

Schneemann Wenn es schneit, kommen immer viele Kinder aus ihren Häusern und toben durch den Schnee! Das ist schön, dann bin ich nicht so allein.

***Kind 2** rennt auf die Bühne und trägt euphorisch das Gedicht* Schneeflocken *(Volksgut) vor:*

Es schneit, hurra, es schneit!
Schneeflocken weit und breit.
Ein lustiges Gewimmel
kommt aus dem grauen Himmel.

Was ist das für ein Leben!
Sie tanzen und sie schweben.
Sie jagen sich und fliegen,
der Wind bläst vor Vergnügen.

Und nach der langen Reise,
da setzen sie sich leise
aufs Dach und auf die Straße
und frech dir auf die Nase.

Schneemann Ich schau den Kindern so gerne zu, wenn sie im Schnee spielen. Sie fahren Schlitten und laufen Schlittschuh. Manchmal gibt es eine spannende Schneeballschlacht, toll! Ab und zu versuchen sie auch mich zu ärgern, aber das macht mir nichts aus.

Kind 3 *tritt auf, streckt dem* ***Schneemann*** *die Zunge heraus und sagt das Gedicht* Schneemann *(Volksgut) auf:*

Seht den Mann, oh große Not!
Wie er mit dem Stocke droht,
gestern schon und heute noch!
Aber niemals schlägt er doch.
Schneemann, bist ein armer Wicht,
hast den Stock und wehrst dich nicht.

Kind 4 *und* ***Kind 5*** *treten auf.*

Kind 4 *(zeigt auf den* ***Schneemann****)*
Ich würd gern so ein Schneemann sein.
Ich ständ dann im Wald allein
und wäre kugelrund und weiß
und ganz aus lauter Schnee und Eis.
Die Füchse, Mäuse, Hasen, Rehe,
die spielten hier in meiner Nähe.
Ich hätte alle Zeit der Welt
und täte nur, was mir gefällt!

Kind 5 Du könntest aber gar nicht laufen!
Du könntest keine Bonbons kaufen.
Du ständest hier, ganz still und stumm,
wie langweilig, im Wald herum.
Glaub mir: Das wäre ziemlich dumm!

Schneemann *(während **Kind 4** und **Kind 5** abgehen)* Hier stumm zu stehen, das wäre dumm? So ein Quatsch! Ich rede nur nicht so viel wie manche Menschen. Ich stehe lieber still da und beobachte, was um mich herum vor sich geht. Und manchmal passieren hier im Wald die tollsten Dinge. Erst neulich habe ich etwas wirklich Witziges erlebt. Ich stand hier so nichts ahnend im Wald, zwischen all den Bäumen …

*Mehrere **Bäume** treten auf und stellen den Wald dar. Das **Eichhörnchen** begibt sich auf „seinen Baum" und schläft.*

Schneemann … aber was da passiert ist, das kann euch ja der/die … *(Name des Kindes, das den Erzähler spielt)* erzählen.

Die Spur im Schnee

*Spielszene für einen **Erzähler**, ein **Eichhörnchen**, eine **Maus**, einen **Fuchs**, eine **Meise**, ein **Kaninchen**, einen **Hasen**, eine **Elster**, einen **Schneemann** und mehrere **Bäume**.*

Erzähler

Ein Wintermorgen. Bitterkalt.
Im Frost liegt weiß der Winterwald.
Die Bäume beugen sich im Schnee
und seufzen leis:

Bäume

Oje! Oje!

Erzähler

Und freundlich mild liegt über allen
der Morgensonne sanftes Strahlen.
Verzaubert Schneekristalle blinken,
an Tannenzweigen Zapfen winken …

*Das **Eichhörnchen** wacht auf. Es reckt und streckt sich.*

Erzähler

Eichhörnchen ist grad aufgewacht.
Geruhsam schlief's in dunkler Nacht.
Sein Näschen schnuppert. In der Luft
liegt ein geheimnisvoller Duft.

*Das **Eichhörnchen** schnuppert.*

Erzähler

Neugierig turnt es frisch und munter
den schwarzen Baumstamm flink hinunter.
Doch an der Wurzel, starr vor Schreck,
da hält es still:

Eichhörnchen *(klettert von seinem Baum und steht verdutzt still)* Der Schnee ist weg!

Erzähler
Wo gestern noch der Pulverschnee
die Erde deckte – ach herrje! –
führt deutlich nun und akkurat
schneefrei vorbei ein breiter Pfad.
Eichhörnchen ist total verdutzt:

Eichhörnchen
Wer hat den Schnee hier weggeputzt?
Und woher kommt die fremde Spur?
Was ist das nur? Was ist das nur?

Erzähler
Es wird die Freunde fragen müssen,
kann sein, dass diese etwas wissen.
Drum läuft es gleich zum Loch der Maus
und ruft dort laut:

Eichhörnchen
Maus! Komm heraus!
Schau, welch geheimnisvolle Spur!
Was ist das nur? Was ist das nur?

*Die **Maus** huscht auf die Bühne.*

Erzähler
Die Maus huscht flink aus ihrem Haus,
zieht ihre Mausestirne kraus
und sagt:

Maus
Wart – ich kann Spuren lesen!
Das ist ein großes Tier gewesen!
Die Spur stammt nicht von einer Katze!
Zu gut kenn ich die Katzentatze!
Den Pfad hier hat der Bär gemacht,
denn er ist dick und ungeschlacht.
Im Frühling sah ich Bären tollen
und lustig Hügel abwärtsrollen.
Sie walzten Gras und Blumen platt.
Es war der Bär! Das schwör ich glatt!
Vorm Bären fürchte ich mich sehr –
er ist gefährlich, groß und schwer!

*Der **Fuchs** tritt auf.*

Erzähler Da schnürt durchs Unterholz der Fuchs,
der, klug und listig wie ein Luchs
und voller Weisheit, deutlich spricht:

Fuchs Der Bär war es ganz sicher nicht!
Im Winter halten nämlich brav
die Bären ihren Winterschlaf.
Doch hört, wie ich das Ganze seh:
Es war der Hirsch – oder das Reh!

Erzähler Da muss das Eichhorn ziemlich lachen:

Eichhörnchen *(lachend)* Fuchs, du erzählst verrückte Sachen!
Das Reh mit seinen kleinen Füßen
hätt eine Schaufel nehmen müssen!
Und eins kann ich dir sicher sagen:
Kein Reh würd je 'ne Schaufel tragen!

Die ***Meise*** *flattert auf die Bühne.*

Erzähler Nun kommt die Meise angeflattert.
Sie sieht die Spur und ist verdattert.
Eichhörnchen fragt die Kleine leise:

Eichhörnchen Wir brauchen deine Hilfe, Meise.
Von wem nur ist die breite Spur?
Was ist das nur? Was ist das nur?

Die ***Meise*** *fürchtet sich sehr und will wegfliegen, aber das* ***Eichhörnchen*** *hält sie fest.*

Erzähler Die Meise aber, voller Grausen,
die würd am liebsten heimwärts sausen.
Sie zittert und weiß ganz genau:

Meise *(voller Angst)* Ein Monster kam aus seinem Bau
und streift nun heimlich durch den Wald.
Gewiss fängt es uns Tiere bald
mit spitzen Zähnen, scharfen Krallen!

Die ***Meise*** *schwankt, das* ***Eichhörnchen*** *fängt sie auf.*

Erzähler Die Meise will in Ohnmacht fallen.

*Das **Kaninchen** rennt panisch auf die Bühne. Der **Hase** folgt ihm.*

Erzähler Kaninchen ist total erschrocken und wispert:

Kaninchen *(flüstert angstvoll)* Freunde, auf die Socken
da mach ich mich sofort und flink!
Ein Monster – nein, welch gräulich Ding! *(will wegrennen)*

Eichhörnchen Halt!

Erzähler ruft das Eichhorn.

Eichhörnchen Freunde, halt!
So schnell flieht ihr aus unserm Wald?
Dort kommt die Elster angeflogen!
Sie ist den Pfad entlanggezogen
und hat die Spur genau gelesen.

Elster *(tritt auf)* Ein Monster ist es nicht gewesen!

Erzähler so sagt die Elster stolz und laut.

Alle Tiere *(ohne die **Elster**)* Wer hat den Pfad denn dann gebaut?

Erzähler Das wollen alle Tiere wissen.

Elster Wir werden es erforschen müssen!

Erzähler Die Elster ruft's und fliegt gleich los.
Man folgt ihr – doch die Angst ist groß.
Als sie das End des Pfads erreichen,
da sieht man Maus und Fuchs erbleichen.

***Alle Tiere** bleiben erschrocken in respektvoller Entfernung vor dem **Schneemann** stehen.*

Erzähler Doch schon ertönt der Elster Wort:

Elster Mir nach! Kommt, jagt den Fremden fort!

Erzähler Es steht im Wald im Winterlicht
ein weißer Mann und rührt sich nicht.
Aus Schnee gebaut und kugelrund,

aus Haselnüssen sind sein Mund
und seine Augen. – Auf dem Kopf
da trägt er einen schwarzen Topf …

Hase *(stupst die Schneemannnase an)* Schaut!

Erzähler Es entdeckt der kleine Hase
die frische, rote Möhrennase.
Der Schneemann lächelt. Einen Besen
hält er im Arm.

Eichhörnchen Umsonst gewesen,

Erzähler sagt Eichhörnchen,

Eichhörnchen sind unsre Ängste.
Ein Schneemann ist gefährlich?

Alle Tiere *(im Chor)* Denkste!

Am Ende des Gedichts bleiben die ***Tiere*** *auf der Bühne. Die* ***restlichen Schauspieler*** *gesellen sich dazu.*

Schneemann Das war schön, als alle Tiere bei mir waren. Lustig war's und keines hatte mehr Angst vor mir. Und dann kamen auch noch die Kinder, um mich zu besuchen – herrlich!

Kinder 6 bis 13 *treten auf, jedes trägt eine dicke Mütze, Handschuhe oder einen Schal. Sie sprechen das Gedicht* Ein Lied, hinterm Ofen zu singen *von Matthias Claudius:*

Kind 6 Der Winter ist ein rechter Mann,
kernfest und auf die Dauer;
sein Fleisch fühlt sich wie Eisen an
und scheut nicht süß noch sauer.

Kind 7 War je ein Mann gesund, ist er's!
Er krankt und kränkelt nimmer,
weiß nichts von Nachtschweiß und Vapeurs
und schläft im kalten Zimmer.

Kind 8 Er zieht sein Hemd im Freien an
und lässt's vorher nicht wärmen,

und spottet über Fluss im Zahn
und Kolik in Gedärmen.

Kind 9

Aus Blumen und aus Vogelsang
weiß er sich nichts zu machen,
hasst warmen Drang und warmen Klang
und alle warmen Sachen.

Kind 10

Doch wenn die Füchse bellen sehr,
wenn's Holz im Ofen knittert
und um den Ofen Knecht und Herr
die Hände reibt und zittert,

Kind 11

wenn Stein und Bein vor Frost zerbricht,
und Teich' und Seen krachen,
das klingt ihm gut, das hasst er nicht,
denn will er tot sich lachen.

Kind 12

Sein Schloss von Eis liegt ganz hinaus
beim Nordpol an dem Strande;
doch hat er auch ein Sommerhaus
im lieben Schweizerlande.

Kind 13

Da ist er denn, bald dort, bald hier,
gut Regiment zu führen.
Und wenn er durchzieht, stehen wir
und sehn ihn an und frieren.

Schneemann Klar, im Winter ist es ziemlich kalt – allerdings habe ich persönlich das sehr gerne. *(zu den **Kindern** auf der Bühne und im Publikum)* Und ihr mögt den Winter mit Eis und Schnee doch auch, oder?

Zum Abschluss singen alle <u>Ein Winterlied</u> *von Barbara Peters und Susanne Geilke.*

Ein Winterlied

Text: Barbara Peters, Musik: Susanne Geilke

2. Die dicke Jacke nehm ich mir,
die Mütze und den Schal,
auch Handschuh, weil ich sonst so frier,
denn ich hab keine Wahl:

3. Ich brauche eine Schneeballschlacht,
Eiszapfen, Pulverschnee,
die Winterluft, den Frost, der kracht,
die Krähen überm See.

4. Und wenn ich müde schlafen geh
in dunkelblauer Nacht,
dann träum ich noch von Eis und Schnee
und kalter Winterpracht!

2. Weihnachtsrevue: Winterfreuden

Requisiten

- ein Paar Schlittschuhe
- ein großes Taschentuch für Paul Schrimm
- eine Puppe
- ein Honigkuchenmann
- eine große Wolke aus Tonkarton
- Sack und Rute für Knecht Ruprecht

Zusätzliche Gedichte

Georg Bydlinksi: Wintergedicht; Kinderjause im Winter (aus: Georg Bydlinksi, Wasserhahn und Wasserhenne, Wien: Dachs Verlag 2002)
Josef Guggenmos: Verschwunden; Wie viel ist ein Glas Honig wert? (aus: Josef Guggenmos, Was denkt die Maus am Donnerstag? 121 Gedichte für Kinder, Weinheim und Basel: Beltz & Gelberg 2007)
Regina Schwarz: Wo man Geschenke verstecken kann (aus: Großer Ozean – Gedichte für alle, Hrsg. Hans-Joachim Gelberg, Weinheim und Basel: Beltz & Gelberg 2006)

Zusätzliches Lied

Lasst uns froh und munter sein

Rollen

Kinder 1 bis 10	Schnupfen
alte Frau/Erzählerin	Paul Schrimm
Büblein	Bienenkönigin
Mann	Knecht Ruprecht
Vater	Christkind

***Alle Schauspieler** singen* Ein Winterlied *von Barbara Peters und Susanne Geilke (siehe Seite 109).*

***Alle** gehen ab. Das **Christkind** begibt sich in den Bühnenhintergrund und versteckt sich hinter einer großen Wolke aus Tonkarton.*

Kind 1 *(tritt auf)* Toll! Endlich hat es geschneit! – Ich hätte Lust, mit meinem besten Freund (meiner besten Freundin) zu spielen. Ich glaub, ich frag mal, ob er (sie) rauskommt.

***Kind 2** steht am Rand der Bühne, schaut aus dem Fenster und zieht sich Handschuhe, Mütze und Schal an. Dabei spricht es das* Wintergedicht *von Georg Bydlinski. Währenddessen geht **Kind 1** langsam auf die andere Bühnenseite.*
*Sobald das Gedicht zu Ende ist, läuft **Kind 2** fertig angezogen hinaus und trifft **Kind 1.***

Kind 2 Klasse, dass es geschneit hat, nicht wahr?

Kind 1 Ja, wirklich super! – Was machen wir denn jetzt? Eine Schneeballschlacht?

Kind 2 Oder Schlitten fahren?

Kind 1 Oder einen Schneemann bauen?

Kind 3 *(rennt auf die Bühne und ruft)* Leute, der See hat eine Haut bekommen!

Kind 1 und Kind 2 Ehrlich? Schon?

***Kind 3** nickt und sagt das Gedicht* Wenn es Winter wird *von Christian Morgenstern auf:*

Der See hat eine Haut bekommen,
sodass man fast drauf gehen kann,
und kommt ein großer Fisch geschwommen,
so stößt er mit der Nase an.

Und nimmst du einen Kieselstein
und wirfst ihn drauf, so macht es klirr
und titscher – titscher – titscher – dirr …
Heißa, du lustiger Kieselstein!
Er zwitschert wie ein Vögelein
und tut als wie ein Schwälblein fliegen –
doch endlich bleibt mein Kieselstein
ganz weit, ganz weit auf dem See draußen liegen.

Da kommen die Fische haufenweis
und schaun durch das klare Fenster von Eis
und denken, der Stein wär etwas zum Essen;
doch sosehr sie die Nase ans Eis auch pressen,
das Eis ist zu dick, das Eis ist zu alt,
sie machen sich nur die Nasen kalt.

Aber bald, aber bald
werden wir selbst auf eigenen Sohlen
hinausgehen können und den Stein wieder holen.

Kind 1 Das ist ja prima! Da können wir ja Schlittschuhlaufen gehen!

Kind 2 Toll! – Oder wir können schlittern.

***Kind 4** kommt mit Schlittschuhen in der Hand dazu.*

Kind 4 *(kichert)* Wisst ihr, was meine Oma zu „schlittern“ immer sagt?

***Kind 1, Kind 2** und **Kind 3** schütteln die Köpfe.*

Kind 4 Glandern! – Komisches Wort, findet ihr nicht auch?

Kind 3 Ja, irgendwie ein bisschen altmodisch – aber lustig.

***Kind 4** sagt das Gedicht* Auf dem Eis *von Hoffmann von Fallersleben auf:*

Nun, wohlan, so lasst uns wandern
nach dem Eis!
Lasst uns flink und fröhlich glandern,
immer einer nach dem andern
auf dem Eis!

Und was gleichet dem Vergnügen
auf dem Eis,
wenn wir uns zusammenfügen,
glandern dann in langen Zügen
auf dem Eis?

Fällst du etwa mal darnieder
auf dem Eis,
denke nicht an deine Glieder,
flink steh auf und glandre wieder
auf dem Eis!

Doch geschickt vor allen Dingen
auf dem Eis!
So nur kann es uns gelingen,
froh zu glandern und zu singen
auf dem Eis!

Kind 2 Ich hab jetzt richtig Lust bekommen. Lasst uns mal nachsehen, ob das Eis schon hält!

Kind 1, Kind 3 und Kind 4 Au ja! Los, kommt! Wir gehen zum See.

Sie gehen los. Von der anderen Seite kommt ihnen eine ***alte Frau*** *entgegen.*

alte Frau Na, ihr Hübschen? Wo lauft ihr denn hin?

Kind 3 Wir wollen zum See!

Kind 4 Mal sehen, ob das Eis schon hält!

alte Frau Zum See? Ach du liebes Lieschen! Seid bloß vorsichtig! Da könnt ihr schnell einbrechen!

Kind 2 Ach, da machen Sie sich mal keine Sorgen. Uns passiert schon nichts!

Kind 1 Nee, bestimmt nicht! Wir passen schon auf!

alte Frau Jajaja! Das sagt ihr Kinder immer, aber dann …

Die ***alte Frau*** *spricht nun als* ***Erzählerin*** *das Gedicht* Will sehen, was ich weiß vom Büblein auf dem Eis *von Friedrich Güll.*

Erzählerin Gefroren hat es heuer
noch gar kein festes Eis.

Das ***Büblein*** *tritt auf, geht zum imaginären See und prüft nachdenklich mit dem Fuß das Eis.*

Erzählerin Das Büblein steht am Weiher
und spricht so zu sich leis:

Büblein Ich will es einmal wagen,
das Eis, es muss doch tragen! –

Erzählerin Wer weiß?
Das Büblein stampft und hacket
mit seinen Stiefelein.

Das ***Büblein*** *klopft mit den Hacken und stampft kräftig auf dem Eis herum.*

Erzählerin Das Eis auf einmal knacket,
und krach! schon bricht's hinein.

Das ***Büblein*** *tut so, als bräche es ein: Es fällt hin und zappelt und schwimmt.*

Erzählerin Das Büblein platscht und krabbelt
als wie ein Krebs und zappelt
mit Schrei'n:

Büblein O helft, ich muss versinken
in lauter Eis und Schnee!
O helft, ich muss ertrinken
im tiefen, tiefen See!

*Das **Büblein** zappelt immer weiter. Ein **Mann** tritt auf, geht spazieren, entdeckt das **Büblein** im See, erschrickt und eilt herbei.*

Erzählerin Wär nicht ein Mann gekommen,
der sich ein Herz genommen –
o weh!

*Der **Mann** packt das **Büblein** und zieht es aus dem Wasser.*

Erzählerin Der packt es bei dem Schopfe
und zieht es dann heraus,
vom Fuße bis zum Kopfe
wie eine Wassermaus.

*Der **Mann** zieht das **Büblein**, das Kopf und Arme hängen lässt, als sei es klitschnass, zum **Vater**. Der **Vater** schüttelt dem **Mann** zum Dank die Hand. Der **Mann** geht ab. Der **Vater** stemmt die Hände in die Seiten, betrachtet kopfschüttelnd das **Büblein**, krempelt sich die Ärmel auf und legt das **Büblein** übers Knie.*

Erzählerin Das Büblein hat getropfet,
der Vater hat's geklopfet
zu Haus.

*Der **Vater** wischt sich die Hände an der Hose ab und geht ab. Das weinende **Büblein** bleibt auf der Bühne stehen.*

Kind 2 *(tröstet das **Büblein**)* Wow! Da hast du ja wirklich Pech gehabt!

Kind 3 Du Armer! Erst brichst du ein und dann gibt's auch noch Prügel!

Kind 4 Du musst dir ganz schnell was Trockenes anziehen! Sonst kriegst du auch noch einen Schnupfen, wie unser Nachbar Paul Schrimm!

Kind 1 Genau! Zieh dich bloß warm an!

Büblein *(neugierig)* Wie war denn das mit eurem Nachbarn?

Kind 4 Das war so:

*Der **Schnupfen** tritt auf, schaut sich heimlich und gefährlich um und hockt sich in eine Ecke der Bühne. **Kind 4** spricht als **Erzähler** das Gedicht* Der Schnupfen *von Christian Morgenstern.*

Erzähler *(zeigt auf den **Schnupfen**)*
Ein Schnupfen hockt auf der Terrasse,
auf dass er sich ein Opfer fasse …

***Paul Schrimm** tritt auf und schlendert zufrieden über die Bühne.*

Erzähler … und stürzt alsbald mit großem Grimm
auf einen Menschen namens Schrimm.

*Der **Schnupfen** springt auf **Paul Schrimm** zu, packt ihn und umarmt ihn einen Augenblick. Dann hüpft er grinsend von der Bühne. **Paul Schrimm** blickt ihm erstaunt hinterher und merkt dann, dass ein Nieser ihn zu überwältigen droht.*

Erzähler Paul Schrimm erwidert prompt:

Paul Schrimm Pitschü!

Erzähler und hat ihn drauf bis Montag früh.

***Paul Schrimm** zieht ein großes Taschentuch aus der Tasche und verlässt die Bühne, immer wieder niesend und sich geräuschvoll schnäuzend.*

Büblein *(schüttelt sich, laut)* Nein! So einen ekligen Schnupfen will ich nicht kriegen! – Was mach ich denn da nur?

***Kind 5** und **Kind 6** treten auf.*

Kind 5 Wer schreit denn hier so rum?

Kind 6 Und wer will keinen Schnupfen kriegen?

Büblein Ich will das nicht!

Kind 3	Er ist nämlich ganz nass!
Kind 2	Weil das Eis noch nicht gehalten hat!
Kind 1	Da ist er eingebrochen!
Kind 4	Und jetzt hat er Angst …
Büblein	*(jammernd)* … dass ich einen Schnupfen kriege!
Kind 5	Da hilft nur eins: Lindenblütentee, schön heiß!
Kind 6	So ein Quatsch, Zitronentee hilft da!
Kind 2	Und Honig! Ganz viel Honig!
Kind 5	Also ich bin, ganz klar, für Lindenblütentee!

***Kind 5** trägt das Gedicht* Verschwunden *von Josef Guggenmos vor.*

Kind 6	Zitronentee ist auf jeden Fall besser!

***Kind 6** trägt das Gedicht* Kinderjause im Winter *von Georg Bydlinski vor.*

Kind 2	Und was ist mit Honig?
Kind 7	*(tritt eilig auf)* Honig? Ich hör da immer Honig! Habt ihr eine Ahnung, wie viel ein Glas Honig kostet? Das ist ganz schön teuer! – Na? Wie viel ist ein Glas Honig wert? *(alle zucken mit den Schultern)* Na, dann hört mal zu!

*Die **Bienenkönigin** schwirrt summend auf die Bühne. **Kind 7** und die **Bienenkönigin** sprechen mit verteilten Rollen das Gedicht* Wie viel ist ein Glas Honig wert? *von Josef Guggenmos. Nach dem letzten Satz der **Bienenkönigin** fällt **Kind 7** um.*

Kind 1	Ooops! Einer fällt in Ohnmacht, nur wegen eines Glases voll Honig – und der andere *(zeigt auf das zitternde **Büblein**)* kriegt gleich eine Lungenentzündung.
Kind 2	Die gehören alle beide ins Bett! Helft mir mal!

***Kinder 1 bis 4** tragen die beiden Kranken von der Bühne.*

Kind 5 *(zu* ***Kind 6****)* Weißt du was? Es ist nicht nur schön, dass es schneit und friert. Nein, weißt du, was auch noch toll ist?

Kind 6 *schüttelt den Kopf.*

Kind 5 Es ist toll, dass jetzt bald Weihnachten ist! Ich freue mich auf den Tannenbaum, die Kerzen, die Weihnachtsplätzchen und natürlich auf die Geschenke!

Kind 8 *tritt mit einer Puppe und einem Honigkuchenmann auf.*

Kind 8 Geschenke? Ich will auch Geschenke bekommen. Aber eines kann ich euch gleich sagen: *(schreit)* Ich will keine Puppe haben!

Kind 8 *wirft die Puppe auf den Boden trägt das Gedicht* Vom Honigkuchenmann *von Hoffmann von Fallersleben vor:*

Keine Puppe will ich haben –
Puppen geh'n mich gar nichts an.
Was erfreu'n mich kann und laben,
ist ein Honigkuchenmann.
So ein Mann mit Leib und Kleid
durch und durch von Süßigkeit.

Stattlicher als eine Puppe
sieht ein Honigkerl sich an.
Eine ganze Puppengruppe
mich nicht so erfreuen kann.
Aber seh ich recht dich an,
dauerst du mich, lieber Mann.

Denn du bist zum Tod erkoren –
bin ich dir auch noch so gut,
ob du hast ein Bein verloren,
ob das andere weh dir tut:
Armer Honigkuchenmann,
hilft dir nichts, du musst doch dran!

Kind 8 *beißt am Ende des Gedichts genüsslich in den Honigkuchenmann.* ***Kind 5*** *und* ***Kind 6*** *sehen neugierig zu und lecken sich die Lippen. Nach einer Weile gibt* ***Kind 8*** *ihnen etwas ab. Während alle essen, treten* ***Kind 9*** *und* ***Kind 10*** *auf.*

Kind 9	Hast du denn schon die Weihnachtsgeschenke für deine Eltern und deine Geschwister besorgt?
Kind 10	Na klar! Ich habe schon alles zusammen. Das war gar nicht schwierig – schwierig ist immer etwas ganz anderes …
Kind 9	Echt? Was denn?
Kind 10	Schwierig ist es jedes Jahr, die Geschenke zu verstecken. Mein kleiner Bruder ist total neugierig. Der findet alles.
Kind 9	Wo man Geschenke verstecken kann, das weiß ich ganz genau!
Kind 10	Ehrlich? Kannst du mir da nicht mal einen Tipp geben?
Kind 9	Aber sicher doch. Pass auf!

***Kind 9** trägt das Gedicht* Wo man Geschenke verstecken kann *von Regina Schwarz vor.*
*Während das Gedicht vorgetragen wird, kommen langsam und leise **alle Mitspieler** wieder auf die Bühne und setzen sich im Halbkreis um **Kind 9** und **Kind 10** auf den Boden. Kaum ist das Gedicht beendet, hört man Stampfen und Poltern von draußen. **Kind 9** und **Kind 10** setzen sich zu den anderen.*
***Knecht Ruprecht** tritt mit Sack und Rute auf. Er stapft schwerfällig durch den Schnee.*
***Knecht Ruprecht** trägt das Gedicht* Knecht Ruprecht *von Theodor Storm vor:*

Von drauß' vom Walde komm ich her;
Ich muss euch sagen, es weihnachtet sehr!
Allüberall auf den Tannenspitzen
Sah ich goldene Lichtlein sitzen;
Und droben aus dem Himmelstor
Sah mit großen Augen das Christkind hervor,
Und wie ich so strolcht durch den finstern Tann,
Da rief's mich mit heller Stimme an:

*Das **Christkind** schaut über eine große Wolke. Es könnte z. B. auf einem Tisch stehen und eine Wolke aus weißem Tonkarton vor sich halten, sodass es zunächst nicht zu sehen ist.*

Christkind	Knecht Ruprecht,
Knecht Ruprecht	rief es,
Christkind	alter Gesell, Hebe die Beine und spute dich schnell!

Die Kerzen fangen zu brennen an,
Das Himmelstor ist aufgetan,
Alt' und Junge sollen nun
Von der Jagd des Lebens ruhn;
Und morgen flieg ich hinab zur Erden,
Denn es soll wieder Weihnachten werden!

Knecht Ruprecht

Ich sprach: „O lieber Herre Christ,
Meine Reise fast zu Ende ist;
Ich soll nur noch in diese Stadt,
Wo's eitel gute Kinder hat."

Christkind

Hast denn das Säcklein auch bei dir?

Knecht Ruprecht

Ich sprach: „Das Säcklein, das ist hier;
Denn Äpfel, Nuss und Mandelkern
Essen fromme Kinder gern."

Christkind

Hast denn die Rute auch bei dir?

Knecht Ruprecht

Ich sprach: „Die Rute, die ist hier;
Doch für die Kinder nur, die schlechten,
Die trifft sie auf den Teil, den rechten."
Christkindlein sprach:

Christkind

So ist es recht;
So geh mit Gott, mein treuer Knecht!

*Das **Christkind** winkt und verschwindet wieder hinter der Wolke.*

Knecht Ruprecht

Von drauß vom Walde komm ich her;
Ich muss euch sagen, es weihnachtet sehr!
Nun sprecht, wie ich's hierinnen find!
Sind's gute Kind', sind's böse Kind'?

***Knecht Ruprecht** hebt den Sack und die Rute und sieht sich aufmerksam im Publikum um.*
***Alle** singen gemeinsam das Lied* Lasst uns froh und munter sein.

3. Weihnachtsrevue: Tiere im Winter

Vielleicht hat Ihre Klasse Spaß daran, den Winter und Weihnachten einmal aus der Sicht der Tiere zu schildern. Für eine Revue mit diesem Inhalt eignen sich besonders die folgenden Gedichte:

- Shel Silverstein: **Der Bär, das Feuer, der Schnee und der Bach** (aus: Shel Silverstein, Raufgefallen, Zürich: Haffmans Verlag 2002, zurzeit nicht lieferbar)
- Georg Bydlinski: **Im Advent** (aus: Georg Bydlinski, Wasserhahn und Wasserhenne, Wien: Dachs Verlag 2002)
- Josef Guggenmos: **Kalter Tag** (aus: Großer Ozean – Gedichte für alle, Hrsg. Hans-Joachim Gelberg, Weinheim und Basel: Beltz & Gelberg 2006); **Die Krähen**; **Wie viel ist ein Glas Honig wert?** (lassen sich szenisch darstellen); **Die Schnecke im Winter**; **Spuren von winzigen Zehen**; **Verschneite Welt**; **Welch ein Klingen, welch ein Klagen** (aus: Josef Guggenmos, Was denkt die Maus am Donnerstag? 121 Gedichte für Kinder, Weinheim und Basel: Beltz & Gelberg 2007)
- Christian Morgenstern: **Wenn es Winter wird** (siehe Seite 111)
- Barbara Peters: **Die Spur im Schnee** (siehe Umsetzung als Spielszene ab Seite 103)
- James Krüss: **Die Weihnachtsmaus** (aus: James Krüss, Die Weihnachtsmaus, Hamburg: Oetinger Verlag 1998, lässt sich szenisch darstellen)

---

4. Weihnachtsrevue: Durch Winter und Advent zum Fest

Einen Spaziergang durch Winterfreuden und Weihnachtsvorfreude bis zur Krippe können Sie mit folgenden Liedern und Gedichten gestalten:

- **Schneeflöckchen, Weißröckchen** (Lied)
- Georg Bydlinski: **Im Advent** (aus: Georg Bydlinski, Wasserhahn und Wasserhenne, Wien: Dachs Verlag 2002)
- Christian Morgenstern: **Winternacht; Wenn es Winter wird** (aus: Christian Morgenstern, Gesammelte Werke in einem Band, München: Pieper 2008)
- Josef Guggenmos: **Der Winter macht Musik** (aus: Josef Guggenmos, Was denkt die Maus am Donnerstag? 121 Gedichte für Kinder, Weinheim und Basel: Beltz & Gelberg 2007)
- Matthias Claudius: **Ein Lied hinterm Ofen zu singen** (siehe Seite 107/108)
- Hoffmann von Fallersleben: **Vom Honigkuchenmann** (siehe Seite 117)
- **Morgen, Kinder, wird's was geben** (Lied)
- **Ihr Kinderlein kommet** (Lied)
- **Zu Bethlehem geboren** (Lied)
- Heinrich Heine: **Die heil'gen drei Könige** (lässt sich szenisch darstellen, in zahlreichen Anthologien zu finden)